《蒙古族图典》编辑委员会

主　编：格·孟和

副主编：吴英喆

编　委：（按姓氏笔画为序）

乌日斯嘎拉　包满都拉　吉如何　朱　虹　庆巴图

杨玉成　苏日娜（饮食卷）　苏日娜（名胜古迹卷）

李凤山　吴国艳　阿力玛　阿拉坦宝力格　珊　丹

胡日查　带　兄　哈斯其木格　娜日娅　高　娃

通格勒格　额尔德木图

民族文字出版专项资金资助项目
"十三五"国家重点图书出版规划项目

蒙古族图典
饮食卷

格·孟和 主编

阿拉坦宝力格 苏日娜 著

辽宁民族出版社

© 阿拉坦宝力格，苏日娜　2017

图书在版编目（CIP）数据

蒙古族图典.饮食卷：蒙汉对照/格·孟和主编；阿拉坦宝力格，苏日娜著.—沈阳：辽宁民族出版社，2017.12

ISBN 978-7-5497-1741-5

Ⅰ.①蒙⋯　Ⅱ.①格⋯②阿⋯③苏⋯　Ⅲ.①蒙古族—民族文化—中国—图集②蒙古族—饮食—文化—中国—图集　Ⅳ.①K281.2-64②TS971.202-64

中国版本图书馆CIP数据核字（2017）第288172号

蒙古族图典·饮食卷
MENGGUZU TUDIAN·YINSHI JUAN

丛书策划／朱　虹

出版发行者：	辽宁民族出版社
地　　　址：	沈阳市和平区十一纬路25号　邮编：110003
印　刷　者：	辽宁新华印务有限公司
幅面尺寸：	210mm×285mm
印　　张：	14.5
字　　数：	260千字
印　　数：	1—1000
出版时间：	2017年12月第1版
印刷时间：	2017年12月第1次印刷
责任编辑：	李凤山　朱　虹　包满都拉
封面设计：	Amber Design 琥珀视觉
责任校对：	代智敏

标准书号：ISBN 978-7-5497-1741-5
定　　价：280.00元

网　　址：www.lnmzcbs.com　　邮购热线：024-23284335
淘宝网店：http://lnmz2013.taobao.com
如有印装质量问题，请与出版社联系调换　　联系电话：024-23284340

蒙古族图典·饮食卷

总序

　　蒙古族是一个历史悠久而富于传奇色彩的民族。经过千百年来的发展，蒙古族形成了自己独特的文化。每当提起蒙古族，人们就会想起"天苍苍，野茫茫，风吹草低见牛羊"的古老歌谣，眼前便会浮现出这个"马背上的民族"曾经叱咤风云、纵横欧亚、英勇善战、气吞山河的伟岸雄姿。

　　蒙古族起源于古望建河（今额尔古纳河）。13世纪初，以成吉思汗为首的蒙古部（蒙兀室韦）统一了蒙古地区诸部，逐渐形成了一个新的民族共同体，"蒙古"也就由原来的部落名称变成了民族名称。成吉思汗及其子孙建立的横跨欧亚的大帝国，推动了东西方经济和文化的交流与发展。1995年12月，美国《华盛顿邮报》带头评选第二个千年（1000—1999）最有影响的人物，结果成吉思汗力压群雄，被评为"千年风云人物第一人"。800多年来，成吉思汗的名字和故事，在世界各地传扬。1271年，忽必烈建立了中国历史上疆域最大的封建王朝——元朝，推动了中国统一多民族国家的巩固和发展。

习近平总书记在中国共产党第十九次全国代表大会上的报告中指出："文化是一个国家、一个民族的灵魂。文化兴国运兴，文化强民族强。没有高度的文化自信，没有文化的繁荣兴盛，就没有中华民族伟大复兴。"蒙古族为我国历史文化发展做出过卓越的贡献，也对人类历史发展产生过深远的影响。无垠的大草原，不息的江河水，永恒的长生天，奔驰的骏马，洁白的蒙古包，华丽的蒙古袍，神奇的呼麦，悠扬的马头琴……蒙古族创造了璀璨夺目的民族文化。蒙古族的传统服饰主要包括蒙古袍、腰带、靴子、配饰等，但因地区不同在式样上有所差异。蒙古族服饰以其独特的风格和精湛的制作工艺，立于我国乃至世界服饰之林而经久不衰。蒙古族饮食文化继承了北方民族饮食文化传统，在保持古老传统的同时也有明显的地方特色。丰富多彩的蒙古族饮食，让人们深切感受到舌尖上的草原味道。蒙古包作为世界传统住居中分布最广、延续时间最长的风土型住居类型之一，在传统民居形态逐步式微的境遇中，仍保持着强劲的生命力而延续至今。蒙古族文物汇集了历代有关蒙古族历史、社会风俗、宗教信仰等方面的精品，为研究蒙古族文化提供了实物资料。精雕细琢的蒙古族工艺品是人们在长期的生产、生活实践中不断创造与积累的宝贵财富。如蒙古族皮画表面浮雕般的立体效果和凝重的风格所形成的视觉冲击力，常令观赏者感到无比震撼，给人耳目一新的艺术享受。蒙古族是能歌善舞的民族，素有"音乐民族""诗歌民族"之称。蒙古民族创作了很多历史文学巨著，其中，《蒙古秘史》被联合国教科文组织确定为世界名著文化遗产；英雄史诗《江格尔》是中国少数民族三大英雄史诗之一；马头琴是蒙古族特有的传统乐器，其艺术特色和魅力彰显于世界民族乐坛之上；天籁之音呼麦和蒙古族长调民歌为世界非物质文化遗产。蒙古族名胜古迹众多，成吉思汗陵、古城遗址、藏传佛教寺院、壮美山川、沙漠瀚海，展示了草原的自然风光和游牧文化遗迹。蒙古族是一个勤劳智慧、勇于探索的民族，取得了许多发明创造和历史、文学、艺术成果，涌现出众多的政治家、思想家、军事家、科学家、历史学家、文学家、艺术家，为丰富祖国光辉灿烂的文化宝库做出了重要贡献。

为了更好地弘扬博大精深的蒙古族文化，辽宁民族出版社组织国内相关领域的蒙古族专家学者编写了这套《蒙古族图典》。全套书分为服饰卷、饮食卷、住居卷、文物卷、艺术卷、工艺品卷、名胜古迹卷、综合卷，共计八卷本。采用图文并茂的形式，深度挖掘蒙古族文化的精髓，展现蒙古民族各个方面的历史原貌，用蒙汉文精简地诠释图片的深刻含义。《蒙古族图典》为蒙古族图片的集大成者，是有史以来对蒙古族图片最大规模、全方位的整理，为读者全面了解蒙古族文化提供了方便。

  一段文字，是一种文化现象；一幅图片，是一个历史符号。《蒙古族图典》生动再现了蒙古族悠久灿烂的历史文化，完美展示了蒙古族绚丽多姿的民族风情。

2017年10月

格·孟和 蒙古族，内蒙古师范大学教授，享受国务院特殊津贴专家，现任《中国蒙古学文库》常务总编辑。主要著作有《格·孟和文集》（共13卷），多次荣获国家及内蒙古自治区科研奖。

前言

饮食是一个地域物产、气候、生活方式,甚至经济形态的直接反映。走进大草原,不仅眼前的景色令人心旷神怡,就连餐桌上的饮食也变得独具特色。丰富多彩的蒙古族饮食,让人们深切感受到舌尖上的草原味道。

蒙古族饮食文化继承了北方民族饮食文化传统,在具有古老传统的同时也有明显的地方特色。干旱的草原环境以及适应干旱环境的畜牧业决定了蒙古族饮食文化中奶食品和肉食品占据重要地位。北方民族饮食特点很早就出现在历史文献中,司马迁的《史记》中就有"匈奴之俗,人食畜肉,饮其汁,衣其皮,畜食草饮水,随时转移"等有关记载。由于生态环境的原因,依赖于畜产品的游牧生活方式已在北方牧区延续了几千年。从文献资料中可查阅到"此地苦寒,入夏始种粟黍"(《元史》),"荞麦花开草木枯,沙头雨后茁蘑菇,牧童拾得满筐子,卖于行人供晚厨"(胡助《宿牛群头》)等记载,这说明当时蒙古地区的人民就已种植粟、黍、荞麦等作物,开始采摘食用野生蘑菇。此次我们对牧区进行了广泛调查研究,深入了解到很多奶食品、肉制品、炒米、荞面等的加工及保存方法，旨在通过本书展示蒙古族悠久而独特的饮食文化。

蒙古族饮食文化的精髓是天然、纯正、健康。蒙古族饮食非常符合现代人追求营养、保健、绿色的理念，这些合理因素正在不断被研究证明，并得到越来越多人的接受和认可。蒙古族饮食纯天然优势凸显，如肉食、奶食是牲畜所产，而牲畜是在天然草原上放牧饲养的。辽阔草原没有化肥、农药的集中使用，来自大草原的山野菜等都远离污染。如炒米、奶茶、手把肉等可作为环保快餐，以适应现代快节奏的生活。

蒙古族的饮食习俗具有家庭、社会、宗教信仰的多种功能。当辛苦一天的牧人冒着凛冽的寒风，回到蒙古包与家人围坐，捧起热腾腾的奶茶时，会感受到家庭的温馨；蒙古族节日、婚嫁的饮食习俗维系了人与人之间的社会交往，成为联络情感、增进友谊的纽带；整羊席上优美的祝词、热烈的氛围构成了一幅生动的图画。

随着地区经济发展、市场繁荣、旅游业的发展及人民生活水平的提高，在蒙古族古老文化的感召下，蒙古族餐饮再次回归和强化，已成为我国北方的草原特色饮食。

目录

总序	002
前言	006
第一章 蒙古族传统饮食来源	010
野生植物	012
家畜	026
农作物	040
第二章 蒙古族传统饮食加工与保存	046
挤奶	048
奶食品加工与保存	062
肉食品加工与保存	092
粮食加工与面食制作	106

第三章 蒙古族传统饮食器具	120
饮食器皿	122
加工与保存器具	134
第四章 蒙古族传统饮食礼仪	150
岁时礼仪	152
神圣礼仪	162
第五章 蒙古族传统特色饮食	184
蒙古族传统佳肴	186
蒙古族日常餐桌	212
特色宴席——整羊席	220
图片提供者	229
后记	230

第一章 蒙古族传统饮食来源

据《蒙古秘史》等历史文献记载，蒙古族自古以来就有以沙葱等野菜，山杏、稠李等果实，野兔等野生动物为食物来源的习惯。从更早期的上古时代文化遗址和蒙古地区发现的岩画可发现很多人类利用野生动植物的证据。虽然我们今天无法考证这些岩画具体到哪个年代、哪些人群利用了野生动植物，但可以确定内蒙古等蒙古高原地区是早期人类的繁衍生息地之一。因为这里有比较丰富的野生植物，还有人类比较容易捕获的群居类食草动物，正是这些丰富的野生动植物为生活在这里的人类提供了食物保障。后来在漫长的历史进程中，人们对这些野生植物和野生动物的认识逐渐成熟，便有了今天人们所掌握的有关野生动植物方面的生产技术。进入干旱草原谋求生存的初民，从狩猎、采集野生动植物的生计模式转入从事畜牧业的生计模式经历了漫长的时间，他们驯化偶蹄类的群居动物并逐渐形成了畜牧业生计模式。起初他们利用驯化的牛、羊、马、骆驼等家畜的乳和肉为食物，后来开始放牧这些群居类的家畜，这样既可以直接利用这些家畜的乳和肉，又可以与周边从事农业的人们进行交换。这说明他们的饮食品种并不单一，多种动植物提供的营养搭配也比较合理，这样也形成了蒙古高原游牧民族的饮食文化传统。由于生存环境的不同，每一个民族都有其独具特色的饮食文化传统，这也体现在不同的生产加工技术和不同自然地理环境下的材料来源上。因此，蒙古高原内陆干旱气候环境成为蒙古族独特的传统饮食来源。

野生植物

蒙古族聚居地大部分属于内陆干旱区域。东起兴安岭，西至阿尔泰山，一望无际的草原连绵不断。山区和沙地的植物资源比较丰富，而在干旱的草原地区，尤其在干旱戈壁地区植物种类比较单一，但这样的环境中也有丰富的野生植物资源。例如生长在干旱戈壁地区的沙葱、草原蘑菇等都给人类提供了健康的食物资源。在这个干旱的草原地区也有野兔等草食动物，为这里繁衍生息的游牧民族提供了重要的副食品来源。

沙葱

在蒙古高原,生长着人类可食用的沙葱等植物。在内蒙古地区的巴尔虎、阿巴嘎、苏尼特、四子王旗、达尔罕、乌拉特、阿拉善等内陆干旱地区都生长着沙葱。

沙葱是多年生草本旱生植物。在干旱戈壁地区沙葱是重要的植物群落，沙葱生长于荒漠地带的沙地和干旱的山坡上。其地上部分可入蒙药，具有开胃、消食、杀虫的作用。

沙葱的叶及花均可食用。干旱草原地区的各种牲畜都喜食沙葱。据说羊肉的美味和草场上的沙葱有关系。

草原蘑菇

草原蘑菇规格种类不同，人们将内蒙古等牧区所产的天然草原蘑菇统称为"口蘑"。草原蘑菇不仅味道鲜美，还具有补脾安神等药用价值。

草原蘑菇菌肉肥厚，质地细嫩，味道鲜美，营养价值高。牧民常将新鲜草原蘑菇晒干后长期保存和食用。

麻叶荨麻

草原上的麻叶荨麻是可食用的野菜。春天人们用麻叶荨麻嫩叶和奶油搅拌或同牛羊肉混合做汤或包子。近年来,在不少草原风味餐厅也常能吃到这些野菜。

野韭菜

韭菜叶可当作蔬菜食用，花和花梗可腌制食用。野韭菜花是蒙古族牧民经常食用的天然野生调味品，尤其是灌血肠时它是不可缺少的美味调料。

草原地区盛产野韭菜，野韭菜是旱生的多年生草本植物。在内蒙古草原的盛夏季节远远能看到漫山遍野的白色韭菜花。

黄花葱

内蒙古地区部分山坡、沙地长有黄花葱，可作调味品。牧民通常将黄花葱与野韭菜等野生植物一同腌制食用。

沙棘

沙棘生长在西部干旱地区,牛羊喜食其叶,果实含有机酸、维生素C、糖类及丰富的微量元素,可做饮料和酿酒,果实也是重要的蒙医药原料。

枸杞

西部干旱平原和高原地区生长的枸杞是药用价值很高的食材。夏季，牧民喜欢在自制酸奶中加入枸杞，以补充人体所需糖分。20世纪中叶的三年困难时期，西部地区的牧民就用酸奶加枸杞度过了饥荒。

麻黄果

　　麻黄草分布于内蒙古中西部干旱荒漠或戈壁地区，是草本灌木植物。麻黄草的种植价值较高，羊和骆驼等喜食其干草，其茎枝和根部可入药，果实俗称"麻黄果"，成熟后味甜可食。

野百合

内蒙古草原上生长的野百合,为多年生草本植物,生长于草甸草原、山地草甸及山地林缘,不仅花好看,其茎部还可食用。

稠李

草原沙地及灌丛生长的常见树种。其果实含有矿物质和有机酸,可生食也可做果汁、果酱、果酒等。蒙古族有用其果肉做果酱食用的习惯。

黄花

　　蒙古高原生长着野生黄花，黄花含有丰富的蛋白质和维生素，每年五月初开花时，牧民采摘其花瓣晒干后食用。

山杏

　　内蒙古山区普遍生长着山杏。牛、羊、马喜食其嫩枝叶。杏仁可入药。蒙古族有采摘山杏榨取杏仁油食用的习惯。

家畜

家畜是被人类高度驯化的动物，是人类长期劳动的社会产物，具有独特的经济性状，能满足人类的需求，已形成不同的品种。居住在蒙古高原的蒙古族饲养牛、马、骆驼、绵羊、山羊五种动物，即通常所说的五畜。家畜饲养是蒙古族牧民世代经营的重要经济活动，蒙古族牧民通过饲养牛、马、骆驼等五畜，获取奶食品、肉制品以及绒毛、皮革，并制成毡帐、绳索等各类生活用品。

牛

连接蒙古高原的欧亚大草原是饲养牛等家畜的主要区域。蒙古人一直保持着祖先传承了几千年的饲养牛群的传统文化，并熟练掌握了牛的养殖技术。

牧民随着季节变化转移草场放牧。6月份开始转场到夏季牧场放养牛群，9月份回到冬营地。

牧民精心照料刚出生的小牛犊。夏天牛犊和母牛分离放牧，目的之一是看管保护幼小的牛犊，防止牛犊走失或被野狼袭击；目的之二是给主人留下足够可挤的牛奶。

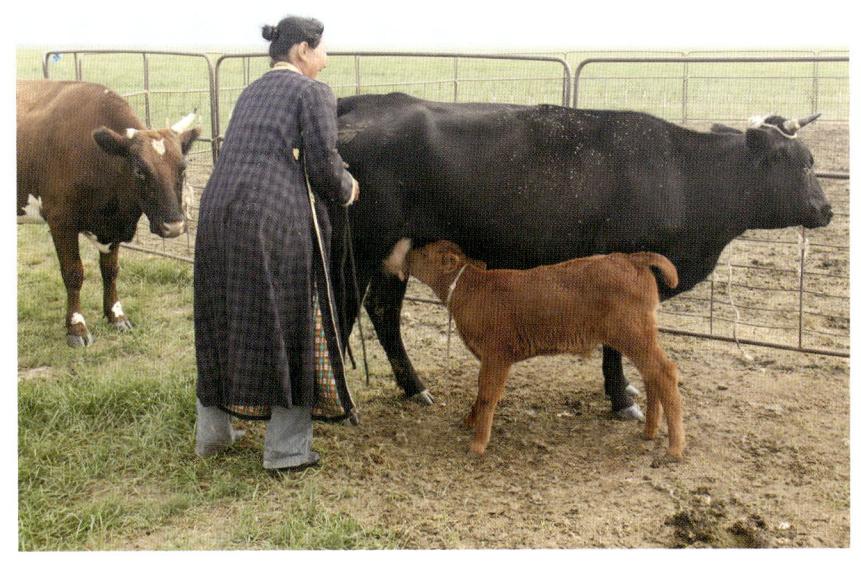

牧民每天早晚挤牛奶一次，在给母牛挤奶时先让牛犊吃奶，然后挤一定量的牛奶留作自家食用。

绵羊 山羊

羊是人类最早养殖的家畜之一。蒙古羊是经过几千年的本土饲养而适应蒙古高原寒冷气候的地方品种。蒙古羊以尾大、毛厚、体大、耐寒等为特征。

山羊和绵羊同是蒙古族放养的重要家畜。蒙古高原的山羊饲养历史也很悠久。

牧民通过放牧绵羊和山羊，获取重要的生活来源。绵羊和山羊除了给牧民提供优质的肉食外，还可提供绒毛、皮革产品。

绵羊和山羊的混群放牧。绵羊和山羊通过去势，控制群体数量并保障优良品质。去势的雄性羊是牧民冬季肉食储存的重要来源，更多保留雌性羊以保证来年的繁育。

牧民对羊群的爱护体现出他们对生命的态度。羊群也是牧民获取生活资源的重要家畜。

秋天是羊群长膘的最好季节。这时,羊体充分积蓄脂肪,为安全度过气候寒冷、草源枯缺的冬春季节做准备。

初春是接羊羔的繁忙季节。由于草原天气寒冷，夜间出生的小羊羔容易冻死，有经验的牧民昼夜看管羊群，以降低损失。

接羔季节，牧民每天昼夜看守羊群。白天，大羊群回到圈后，牧民按时让小羊羔找到母羊。

马

马的饲养年代比羊和牛晚些，马的驯化标志着游牧时代的开始。蒙古马原产蒙古高原，形体矮小，体魄强健，在战场上不惊不乍，勇猛无比，速度和耐力惊人。蒙古人马上得天下，素有"马背民族"之称。蒙古马不仅是蒙古人狩猎、放牧的工具，也是食物的重要来源。自古以来人们将发酵的马奶当作饮料。

蒙古族牧人的孩子从小学会骑马，骑术稍高一点就开始掌握驯马技术，这是草原游牧民族的生存本领之一。

年轻的牧民在日常生活中经常练习驯马的基本功，并取得丰富的骑坐经验，同时练就了他们的胆量和勇气。

马是群体动物，种马领数匹母马和公马。

出生不久就会站立的小马驹，跟随着马群。

骆驼

干旱地区的牧民也适当养殖骆驼。蒙古族牧民放牧的五畜中骆驼属于最后驯养的动物。蒙古族主要饲养阿拉善双峰驼，它是适应内陆环境的骆驼种类。骆驼在内蒙古阿拉善、巴彦淖尔等西部干旱地区分布数量较多。

骆驼是集产绒、产肉、产奶、产皮、役用、旅游等多种经济性状于一体的家畜。西部的干旱荒漠草场适合养殖骆驼，这里的牧民专职养殖骆驼，以提高经济收入。

随着近年来旅游的开发，牧民通过赛骆驼、驼球比赛等项目，在新的经济形势下获取更高的经济价值。

农作物

根据考古学证据，生存于蒙古高原的人类在远古时期就种植农作物。那时的农作物产量低，种类单一，种植面积也不大，因此有人误认为蒙古高原的蒙古人不种植农作物。其实，蒙古高原的蒙古人不仅种小麦也种植糜子、谷子、荞麦、莜麦等旱地农作物。

谷子

蒙古族聚居区域盛产谷子等旱地农作物。他们将种植的谷子加工成小米后,做肉粥或用黄油炒熟后放入奶茶里食用。

玉米

蒙古高原种植的玉米历史不是很长,牧民把玉米炒熟后加工成熟的玉米糁子和熟的玉米面,用牛奶搅拌食用。

荞麦

荞麦等旱地作物是蒙古族传统的农作物。荞麦的生长期短，比较适合蒙古高原无霜期短的气候条件。内蒙古通辽市库伦旗有着种植荞麦的悠久历史。

荞麦不仅能给人粮、给畜草、给禽料、给蜜源，还能防病、治病、强身健体。荞麦皮是做枕头的好材料。

荞麦是蒙古族重要的粮食作物，加工成荞麦粉后可制成面条、包子、蒸饺、荞面饼和灌肠等多种风味食品。

菜类

定居的蒙古族在自家菜园子里种植葱、豆角、马铃薯等农作物，用于补充日常饮食的需要。

糜子

在干旱地区蒙古族习惯用漫撒地的方式种植糜子。将糜子炒制加工而成的炒米是蒙古族传统食品。将炒米用奶茶泡起，再加入奶皮、奶酪、奶油、白糖等。

著名画家西拉布在《蒙古一日》中,描绘了蒙古族进行播种、收割、运输、捣白、加工等生产的全过程。

第二章 蒙古族传统饮食加工与保存

　　为了在干旱的草原生存，家畜成为蒙古人的主要食物来源，因此，形成了独具特色的与家畜产品有关的饮食加工保存的技术体系。人类为生存所食用的各类食物营养大致相同，但是不同地区的人们由于生存环境不同，会采用不同的原料、不同的技术方法加工各类食物。这些加工技术经过漫长的历史时期，被当地居民不断传承、改进并保留至今。在蒙古族的饮食习惯中，家畜食品占据重要的位置，他们的很多日常食物均来源于家畜的乳和肉。但是，他们对畜产品的利用不只是吃肉、喝奶这么简单，还将挤来的牛奶用发酵、熬煮、晒干等方法加工成二十多种不同类型、不同功效的奶制品。这些丰富多样的奶食品经发酵和加工，产生了对人体有益的蛋白质、脂肪和多种微量元素，为人们的健康提供了丰富的营养。家畜肉的加工和保存方法也是多种多样，食用的时候可搭配各类蔬菜或调味品，从而形成了蒙古族独具特色的饮食加工与保存方法。

挤奶

在蒙古族传统饮食结构中牛奶占据重要位置，牛奶极容易获取，加工后也可以长期保存。在北方干旱地区的早春时节，牧区因有牛奶，牧民很少出现饥饿的情况。除了牛奶，马奶、羊奶、骆驼奶也都可以食用。

挤牛奶

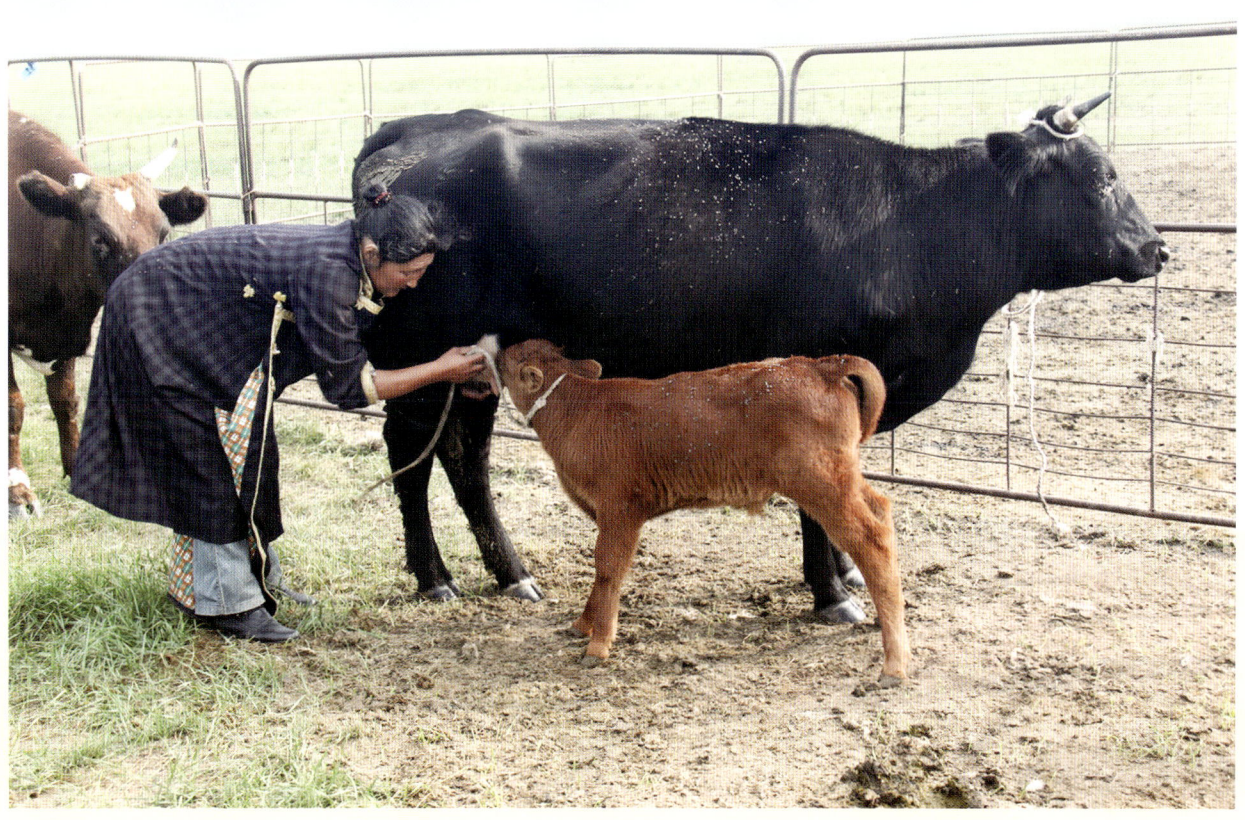

挤牛奶一般集中于每年的夏季。草原的夏季水草丰美，是牛羊长膘的最好时节，也是妇女们一年中最忙碌的季节。她们每天挤两次奶，除了给家人提供新鲜的牛奶以外，更多的牛奶用来做各种奶食品，以备冬天食用。

女主人洗手更衣，用专门的挤奶桶盛奶。挤牛奶前先解开拴在一旁的小牛犊让其先吃奶，这样可以使母牛奶水下得更好，牛犊吃到一定程度后再开始挤奶，母牛出奶量减少时再让牛犊吃奶，这样重复两到三次完成一头母牛的挤奶过程。

秋末冬初，减少到每天早晨挤一次奶。这样可保证牛犊够吃以防来年春天掉膘。夏天产量最多时一头母牛每天产奶1~2公斤。

挤牛奶时一般蹲坐在牛的右侧，奶桶放置到两膝间防止移位，用双手大拇指、中指、无名指轮流挤四个奶头。

早晨挤完牛奶后趁着凉爽，尽早把母牛赶往草场，而留下小牛犊。夏季挤奶时期，母牛和牛犊分开放牧。天黑前，母牛从草场回来，女主人又开始忙碌下午的挤奶。

挤马奶

蒙古族传统饮食中马奶也是重要的饮品。习惯上马驹出生60天后开始挤奶，从季节上看，挤马奶一般集中于7~9月份。

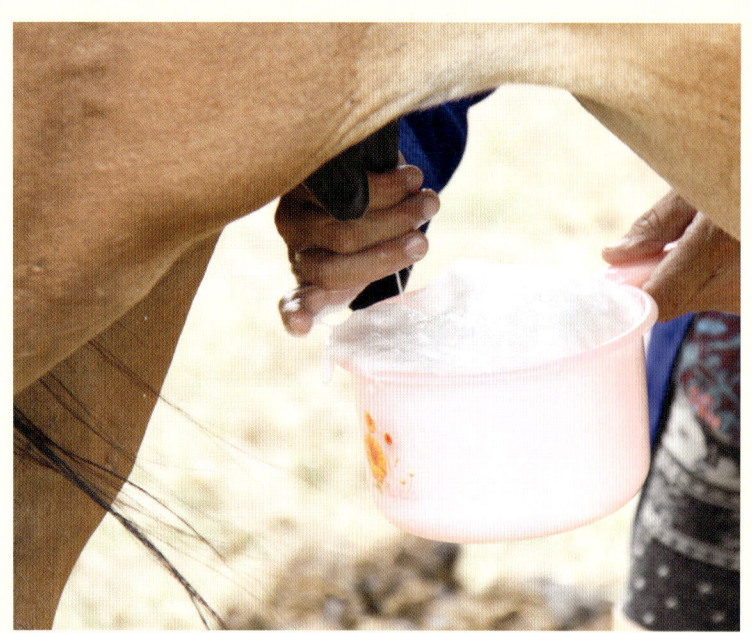

母马一次出奶量少，一天需要多次挤奶。7~8月份从早晨七点开始挤奶，每隔两个小时挤一次奶，一天挤五次左右。秋凉后，早晨八点开始挤奶，一天挤四次。

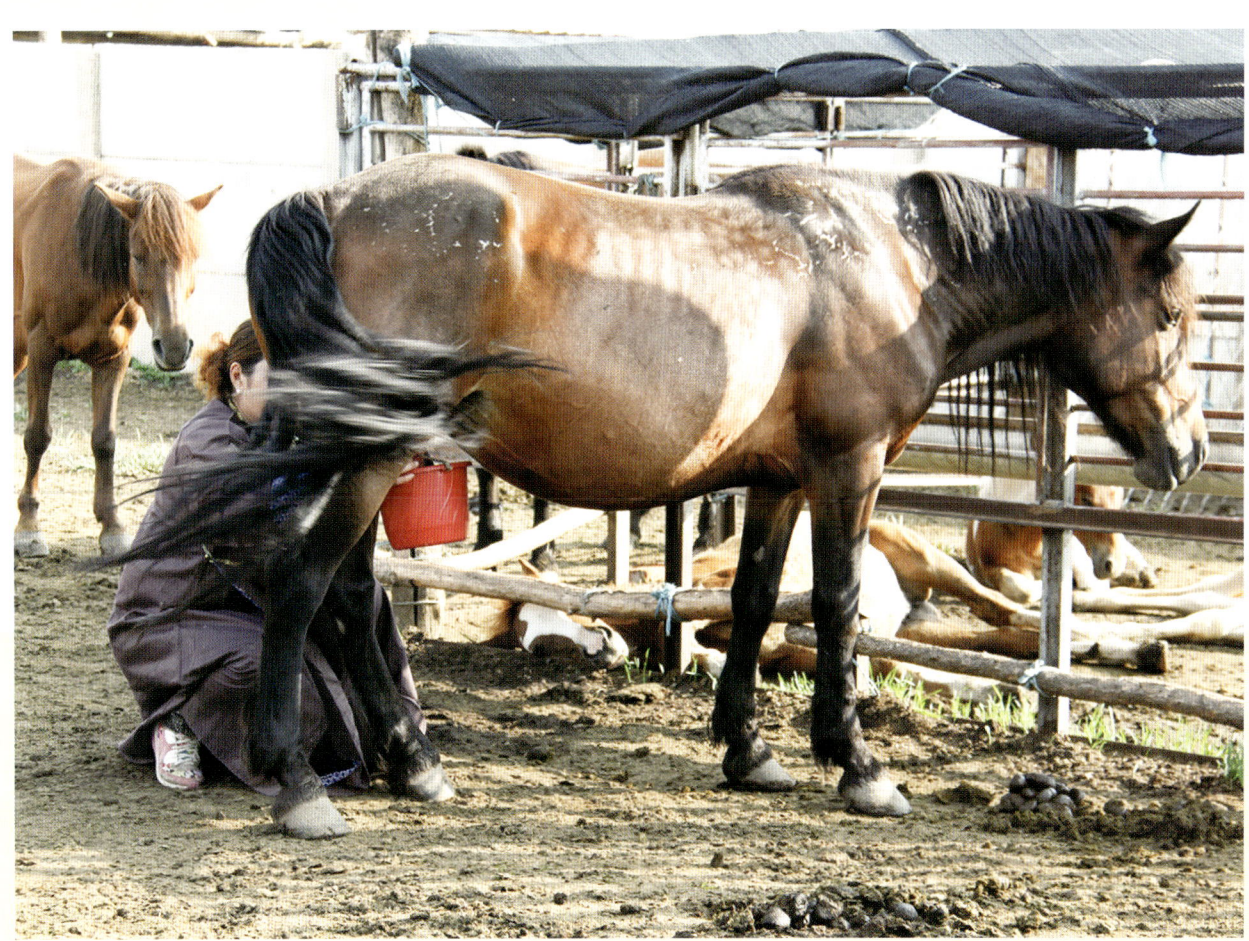

挤马奶和挤牛奶的方法是不同的。挤马奶一般从马的左侧挤。挤奶时左手持奶桶，右手从马腿后侧挤奶。挤马奶要求挤奶人反应敏捷、动作熟练。

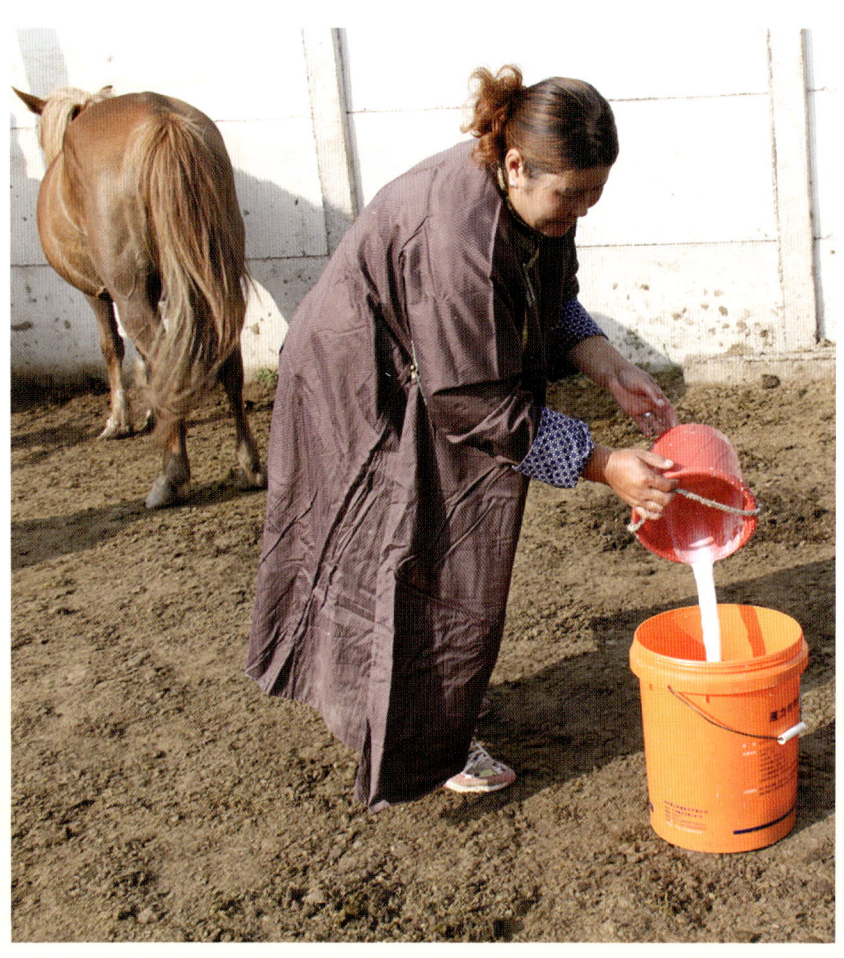

第一天积攒的马奶,从第二天开始发酵。最初挤奶需要多人合作,邻近的牧户相互帮助,等到马奶发酵好后牧民家要举行盛大的马奶节,招待第一天挤奶时帮忙的亲朋好友。

挤羊奶

绵羊和山羊的产仔期一般在3月末，因此挤羊奶从春末开始，共计60天左右。在戈壁地区的春夏季节，两户牧民邻近设营地，母羊分别交互放群，便于挤奶。

挤绵羊和山羊奶时，把羊头相对排列，用一根长绳将其连接在一起。挤奶人坐在羊的后面，左手抓着羊的奶子，右手挤奶。

著名画家西拉布绘制的民俗画卷中挤羊奶的情形。

挤驼奶

在五畜中，骆驼奶脂肪含量最高，其优质蛋白质和各种微量元素的成分也均高于牛奶，不仅营养丰富，还有很好的保健和药用功效。

挤骆驼奶时，挤奶人右脚站立在骆驼左侧，奶桶放置在左腿膝盖上，双手挤奶。

奶食品加工与保存

蒙古人的游牧生活，不适合储存和携带大量粮草和日用品，而加工提炼出来的乳制品，具有体积小，容易获取和保存，便于携带且营养丰富等特点，食用少许便能充饥止渴。在草原，奶是食物之源，奶制品的制作一气呵成。牛奶可以提炼黄油、稀奶酪、奶皮、奶豆腐，也可以制作酸奶豆腐、酿制奶酒。因此，可以说奶食品是低碳环保的食品典范。

制作黄油

黄油可以从发酵酸奶的奶油、奶皮中分离加工提取。从稀奶油中提取黄油方法：将鲜奶发酵过程中分离出的稀奶油贮存到布袋中，存几天到一定数量，待水分顺着布袋慢慢沥净，即可开始炼制黄油。

将滤掉水分的稀奶油倒入大锅中，经过数日的存放，此时的稀奶油变得比较浓稠，需要用长勺等刮下粘在布袋上的奶油。

将装满稀奶油的大锅放置旺火上，使凝固的奶油慢慢化开。

旺火烧开稀奶油，奶油逐渐变软变稀，熬炼过程中用勺子反复扬奶子。

经过熬制搅动，稀奶油逐渐分离，为加速油脂分离，稍加炒米，吸收水分，促使杂质沉淀。

熬炼过程中水分挥发，锅内呈现上下两层，上层是金黄色的黄油，下层是白色的酸油（也称白油）。蒙古人认为黄油是奶食品中的上等食物。

先将热锅中分离漂浮在上层的黄油提取到容器中,再将下层的白油或酸油盛到不同的容器中。酸油的酸度较浓,一般加入奶茶中作为调味品食用。

制作奶豆腐

鲜奶倒入容器放置阴凉处6~8小时，就自然发酵成酸奶。此时酸牛奶中的油脂部分上浮到顶层，形成一层稀奶油。先提取酸奶顶层的稀奶油，后用剩下的酸奶准备制作奶豆腐。

提取稀奶油后将剩余的酸奶倒入大锅中用文火熬煮。

文火熬煮酸奶过程中因蛋白质受热凝固，乳清会慢慢分离。

提取熬煮过程中分离出的乳清。乳清的用途很多，可做奶块或蒸馏酒的原料，也用于浸泡皮革等。

用木质勺头不断揉搓搅拌锅内的稠状乳，同时取出分离出来的乳清。乳清沥干时稠状乳越发筋道，呈不粘锅状态，喜欢吃甜食的这时也可以添加白糖做成甜奶豆腐。

待稠状乳形成凝固状态后趁热盛入模具中。

将装入模子的凝固乳压制成固体形状即成鲜奶豆腐。

装入模子后放置几个小时,随着温度降低,软绵状态的鲜奶豆腐慢慢成形。

晒干后的奶豆腐可以保存到第二年。

奶豆腐不仅是牧民家庭日常食品，也可作为礼品赠送给亲朋好友。为了增添美感，牧民会用刻有图案的模具，制作出各种有吉祥寓意和传统图案的奶豆腐。

在太阳下晾晒数日的奶豆腐不易变质。如果晾晒程度不够，奶豆腐容易发霉变质。

制作奶块

奶块是制作简单又具特色的食品。将酸奶放在文火上煮沸，一段时间后锅底沉淀出凝固状的奶。

将凝固的奶放入布袋中滤掉水分后取出黏稠部分，用手攥成小块或直接散放在晾晒架上晾晒。

制作酸奶豆腐

南北部地区在奶豆腐的制作方法上有差异。在南部的正蓝旗和克什克腾旗等地区将鲜奶直接自然发酵，而在阿巴嘎、乌珠穆沁、巴尔虎等北部地区将鲜奶烧开后发酵。

制作酸奶豆腐所用的奶子是烧开并提取奶皮后的发酵酸奶。

以阿巴嘎地区为例，牧民将鲜奶烧开，提取奶皮，发酵，制作奶酒后，用剩余的酸奶装入布袋过滤掉乳清，将袋中黏稠部分取出挤压成型，制作成酸奶豆腐。

将沥干乳清的固体部分挤压成型后用刀切或用马尾切成片状，利于快速晾晒。

穿线晾晒酸奶豆腐。酸奶豆腐呈黄色，味酸，但奶油香味十足，有促进食物消化的功效。

切成片状的酸奶豆腐，用线穿起挂在阴凉处也不会粘连发霉，晒干后可保存到第二年不变质。

发酵马奶

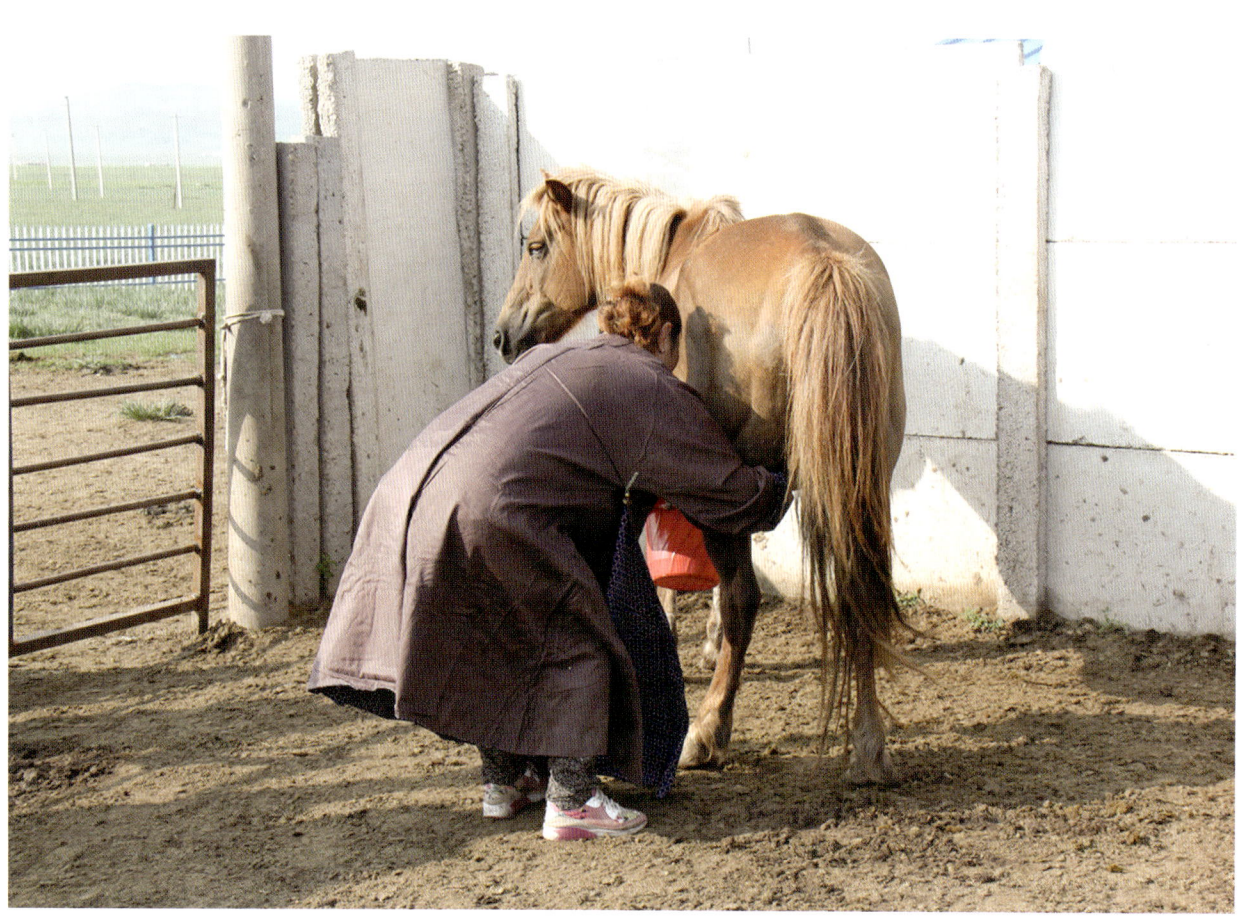

经过发酵的马奶是既能消暑解渴也能滋补健身的优质饮品。马奶含有多种能量和维生素，可促进人体新陈代谢。目前马奶的药用价值不断被发现，成为人们喜爱的保健食品。

鲜马奶晾凉后，倒入储存缸里，在阴凉处发酵。

马奶发酵过程中，用木质搅拌器不断搅拌马奶，以促使马奶快速发酵。

每天数次搅拌发酵中的马奶,当颜色呈清淡透明、口味醇厚酸爽时即可饮用。蒙古语称发酵酸马奶为"策格"。

制作奶酒

制作奶酒的原料是储存的发酵奶。牧民通常会保留发酵奶作为制作奶酒的酵母。夏季牧民制作奶豆腐等奶食品时,将滤出的乳清和温度适宜的鲜奶不断添加到存储缸内,为制作奶酒做原料储备。

制作奶酒时，先将发酵奶倒入大锅中加热。

在大锅上放置高约1米的无底专用木桶。

在木桶中悬挂一小罐（接酒器），用于接木桶顶部的冷水锅底滴下的酒。

木桶顶端放置加入冷水的小锅，锅沿与木桶之间用厚布条等密封，防止蒸汽外漏。

木桶、小陶罐和锅安装好后，开始旺火熬煮发酵奶。

熬煮过程中不断往上层锅内加入冷水。下面大锅内发酵乳受热蒸发，蒸汽上升遇到上层冷水锅底后迅速凝结呈水滴状态滴入悬挂的小陶罐中。

滴入悬挂小罐中的液体即为奶酒，这种蒸馏法制作的奶酒有一定的度数，经反复蒸馏度数会增高。

奶酒无色透明,越年久纯度越高,颜色变成清澈透明的微黄色,香醇可口。

制作奶酒后剩余的酸奶，可以滤掉水分，捞取固体部分经晾晒制作酸奶豆腐。

著名画家西拉布绘制的民俗画卷中饮马奶的情形。

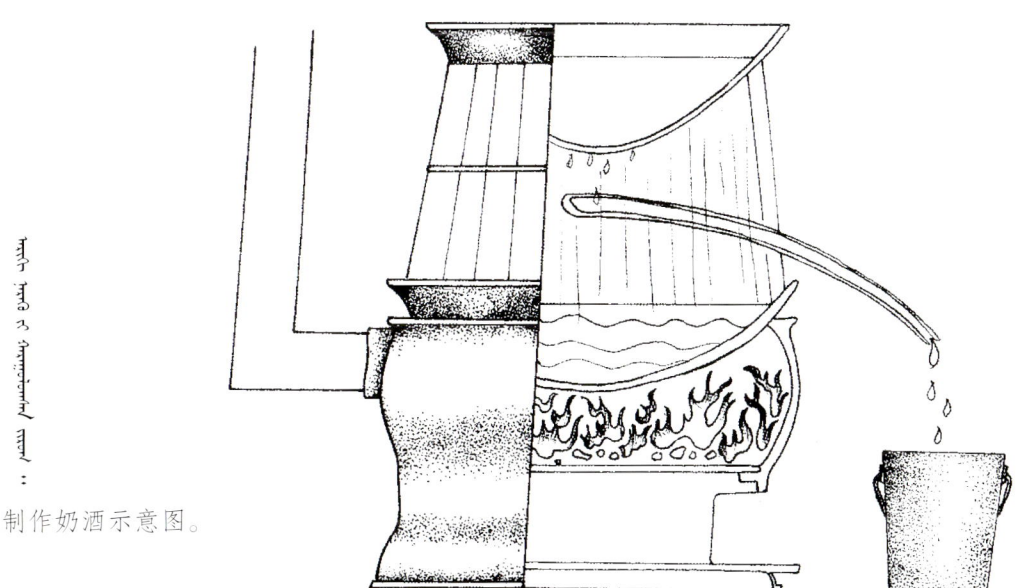

制作奶酒示意图。

制作奶皮

奶皮是蒙古族特有的奶食品种类。奶皮融合了鲜奶的香甜和黄油的美味,奶香浓郁,味美甘甜,是奶食品中的佳品。

制作奶皮时,首先文火加热煮沸鲜奶,用勺子反复翻扬,直到油脂部分漂浮形成泡沫状态并凝固成油层。

将锅取下放置在阴凉处，使其自然冷却，次日，便可凝结成厚厚的一层奶脂，这层奶脂就是奶皮。

一般情况下，每7千克鲜奶可制作出1千克奶皮子。做好的奶皮子用刀子划开沿锅边粘连处，再用光滑的木条伸入托起折叠成半圆形状，在阴凉通风处晾干保存。

肉食品加工与保存

蒙古族传统饮食中肉食品占据重要位置，成为主要的蛋白质来源。蒙古族牧民通过家畜肉类的加工与保存，为在干旱内陆地区生存提供重要的食物来源。寒冷的冬天，肉食品成为牧民过冬的食物保障。

羊肉加工与保存

绵羊肉在蒙古族肉类食品中占较大比例。每年的秋季是屠宰牛羊的最佳季节。开膛掏胸的屠宰方法是蒙古族最普遍使用的传统习俗,即通过割断大动脉来快速结束屠宰。这种屠宰方法减轻了家畜痛苦,保证肉质鲜嫩和营养,保留羊血减少损失,也不污染周边环境。因此,这种方法非常人性化和环保。

屠宰后先剥皮，剥完羊皮后将羊肚、肠、心、肝、肺等内脏以及胸腔内的羊血掏出，分别盛到容器里。将羊肚、肠清洗干净，以备制作血肠、肉肠等。羊血是灌血肠的原料。

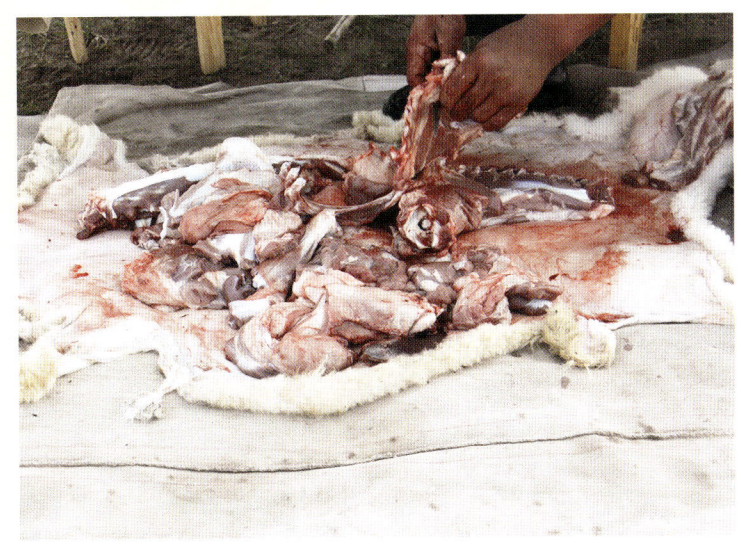

熟练的牧民大概15~20分钟就能完成整只羊的屠宰和解体，并且所有解体工作只在一张新羊皮上完成，非常干净利索。

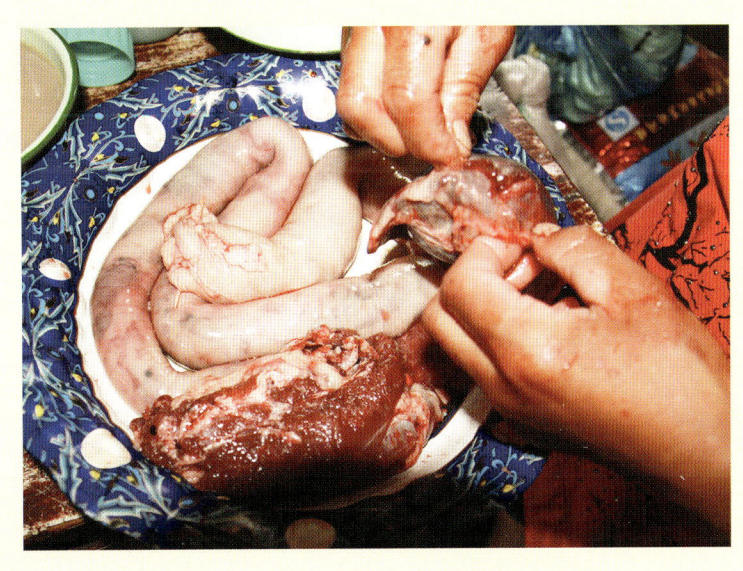

灌肉肠。将羊肥肠清洗干净后，装入从羊腹腔靠脊骨两侧取的嫩肉条和小肠等，再加入葱、盐等调味，下锅煮。灌肠工作一般由妇女承担。

灌血肠。先将羊血中凝结的血块攥碎,加入适当比例的荞面(或白面)、小粒的肥肉,再掺入葱花(或沙葱花)、盐等调味料充分搅拌后灌入洗净的羊小肠,血肠灌好后放入汤中煮熟。冬天灌制的血肠可放入羊肚内冷冻保存。

剔肉。要先从四肢开始剔肉，剔取的肉用作日常副食，一半肉留在骨头上成为手把肉的原料。

除了食用新鲜肉类，牧民晾晒的风干肉也很有特色。将牛羊肉切成长条挂在阴凉通风处晾晒风干，可以煮或烤着吃。

牧区以前没有现代冷冻设备，牧民将秋冬季晒好的肉干一直保存到第二年春季和夏季食用。风干肉是牧区的特色美食，受到人们的喜爱。

油包肝。用羊肚上的薄脂肪包住鲜羊肝，用明火烤制。烤制过程中，包在外层的羊油化开油脂渗进羊肝内，羊肝变得油润而鲜嫩。油包肝是蒙古族喜爱的传统美食。

羊胃灌血。羊胃体积大，灌血时会加入少许羊油，封口不用绳索，而用细长的木棍插好后用羊的小肠捆住，可以现吃或保存，以便日后食用。

狩猎和游牧是蒙古族经济活动的主要方式。放牧之余,牧民们围坐在篝火旁,烘烤羊肉或牛肉食用。现在人们已经有更便捷的工具来烤肉串。

烤和煮都是蒙古族传统的烹饪方法。烤羊肉串比较简单，挑选无筋鲜肉切成小块，用铁丝等穿好后用火烤制食用。

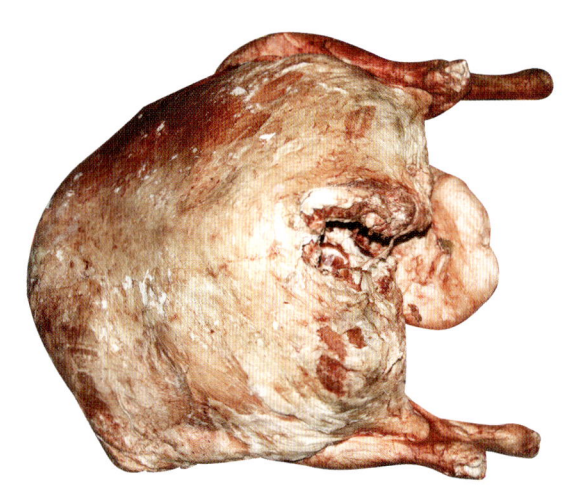

蒙古族保存羊肉的传统方法。冬天为保存屠宰后的整只羊，蒙古人创造出独特的保存方法：将羊的头、蹄、内脏分离后，将胴体折叠放入羊肚内，冷藏保存。

装在羊肚里的鲜肉可保持水分，防止变干硬，冬季里装在羊肚里保存的羊肉鲜嫩度一直能保持到次年的春季。

牛肉加工

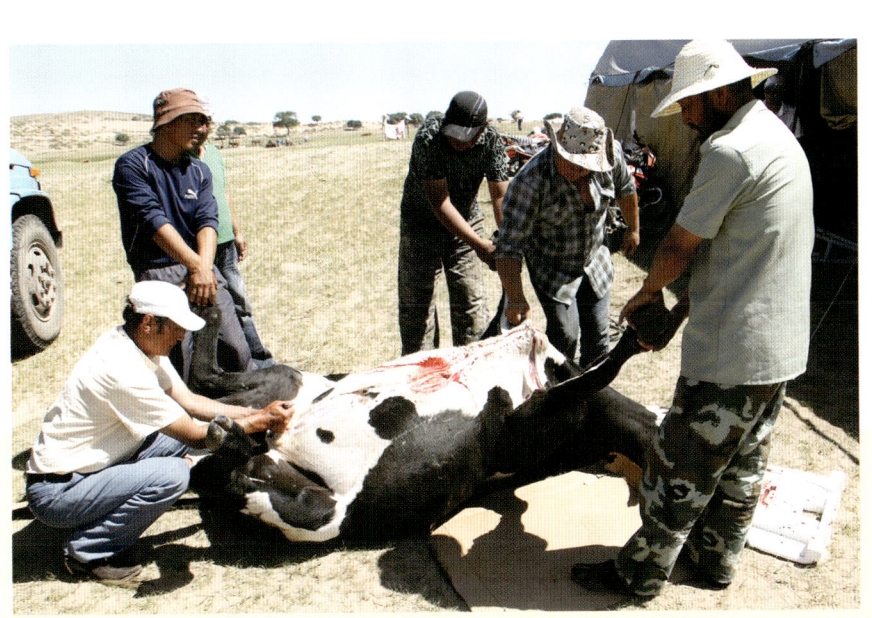

部分地区对牛的屠宰也采取掏胸方法。蒙古族非常忌讳折磨牲畜，他们认为，掏胸屠宰法可以快速结束动物的生命，从而减少动物的痛苦。

牛的屠宰过程也是剥皮、提取内脏、掏血后将胴体按部位进行解体。

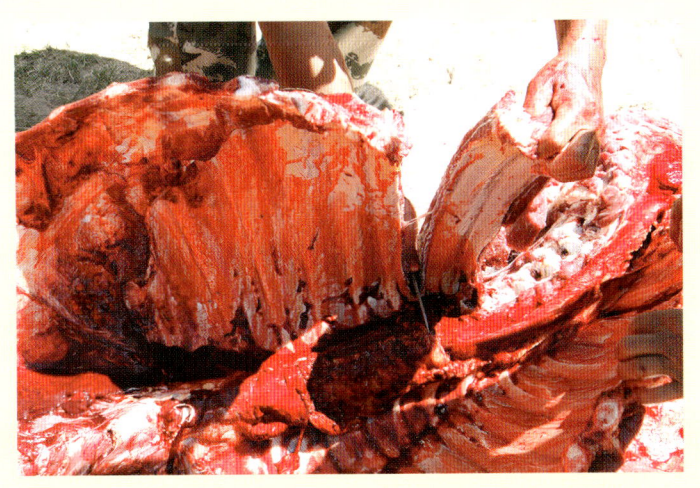

牧民举行盛大宴会时，将会准备大量的牛羊肉，按照四肢、背部、胸部等大部位解体。

牛羊的内脏都可以加工成各种美味佳肴。

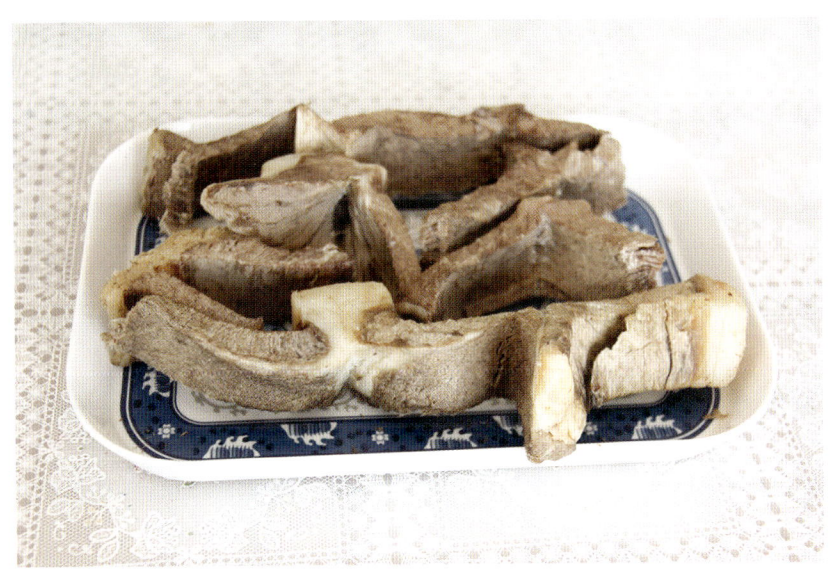

风干牛肉是可以长期保存、不易变质、携带方便的特色美食。

粮食加工与面食制作

蒙古高原很早就有粮食生产与加工的传统，传统的农作物大多是旱地作物。根据这些旱地农作物的特征形成了自己的农产品种植、生产、加工技术。降雨量比较丰富的东部半农半牧业地区，通常种植糜子、荞麦、谷子等粮食作物。烹饪这些粮食作物时加入牛奶、黄油等奶制品，形成了蒙古族独具特色的米面食品。

炒米加工

炒米是用糜子为原料，经过蒸、炒、碾等工序加工而成。炒米是牧民日常食用的主食之一，牧民不可一日无茶，也不可一日无米。

蒙古族炒米加工一般包括泡、炒、脱皮等过程。每一个过程的精细程度都会影响炒米的香味与口感。

手工炒制炒米。炒糜子的过程中，火候的掌握直接影响炒米的软硬程度与香脆味道。

过去，糜子炒熟后用碾子推压去除糠皮。现在，有了专门的碾米机，省去了很多手工劳作。

第二章 蒙古族传统饮食加工与保存

炒米味美、耐饥,便于携带,吃法也简便,很适合游牧民族。最普遍的吃法是:泡在奶茶里拌着黄油与奶食品吃;用稀奶油、酸奶拌着吃;干吃也香脆可口;还可以煮奶粥或肉粥食用。

荞面食品制作

内蒙古东部的蒙古族日常主食有荞面饸饹、荞面面条、荞面蒸饺、荞面葱花摊饼等。荞面奶油面片是蒙古族独具特色的荞面食品。内蒙古通辽市库伦旗盛产荞麦，被称为"中国荞麦之乡"。

荞面蒸饺。是蒙古族喜爱的食品，口感细腻，营养丰富，味美可口。

荞面葱花摊饼。荞面用冷水调成稀面糊，加入盐、葱花等，在平底锅上摊开，小火煎制。

荞面饸饹。首先将干面用水和好，在面板上揉成硬度适当的面团，将面团醒一下，再将面团分成小块准备用压面机压面。

将醒好的面团再均匀揉至筋道，分成若干小面块，逐一放入压面机（传统的压面机称饸饹床子），用压面机将面团压成细长面条，放入开水锅煮熟。

将煮熟的饸饹捞出放入大碗即可,这样制作的饸饹筋道可口。

将大碗中的饸饹浇上用肉、酸菜等调制成的卤子或热汤即可食用,蒙古族民众多喜欢用热汤。荞麦含有高蛋白质和多种氨基酸,具有降血脂、预防高血压等功效。

小麦粉食品制作

用小麦粉可以制作炸果子、黄油饼、黄油卷子、面条，还可以做肉馅包子、馅饼等，这些都是蒙古族喜欢的传统面食。

炸果子。小麦面粉加入少许黄油或乳清、酸奶等可制作各种面点，如烤饼和油炸点心等。

揉好的面团制作成细条、方块、麻叶等各种形状。

牧民一般就地取材，将羊尾等肥肉加工提炼出羊油，作为底油炸果子，现在也用植物油或羊油与植物油混合的底油。

黄油卷子。先将小麦面粉加水揉匀,再擀成面片,涂上黄油,上屉蒸熟。

面片上也可以加些盐和糖,如果加上肉馅就成肉卷子。

将面片卷成长条再扭动几下,这样可避免卷子蒸制过程中摊开。

将卷子放入蒸锅，水开后蒸10分钟，闻到黄油香味就基本蒸熟了。

将蒸熟的黄油卷子切成细条食用。此时黄油渗透到面中，散发出浓郁的黄油香味。直接食用或泡在羊肉汤里食用皆可。

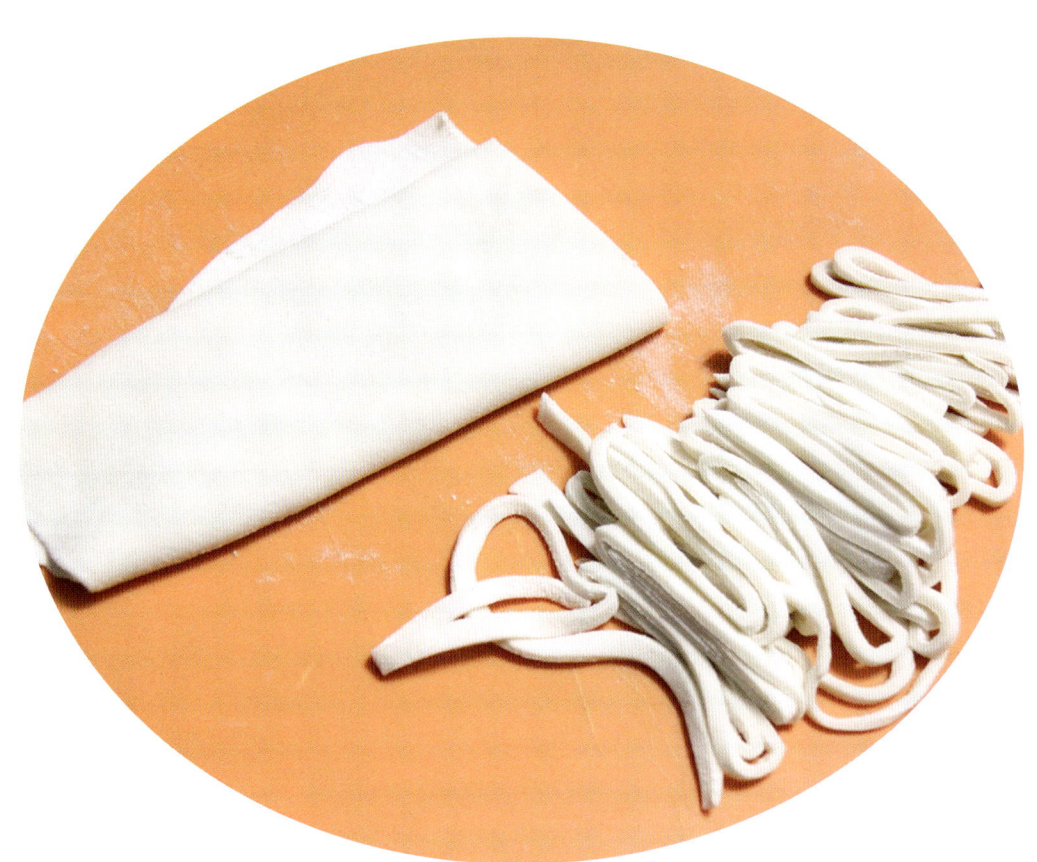

白面面条。蒙古族日常饮食中最常见的面粉制作的食品之一,搭配新鲜的羊肉汤汁更加美味。

白面饺子。以牛羊肉馅为主，并加些野韭菜等调味。

白面包子。采用小麦面粉，用热水和面，不发酵。其特点是：馅大、皮薄、味道鲜香。

第三章 蒙古族传统饮食器具

20世纪初，著名的蒙古族民俗学家罗布桑却丹认为，蒙古族原初的饮食器皿大多以木制品为主，后来因为征战开始使用铁制器皿和铜制器皿，再后来由于农耕文化的影响很多定居的蒙古族开始使用瓷器。自古以来蒙古高原的先民们主要以游牧生活为主，平民百姓不会置办很多的家具。在与自然高度结合的游牧生态文明形态中，人们学会了根据所需利用身边的自然资源。先民们用树木、骨头、皮革、鬃毛等有机物原料制作生活用具，使用完毕丢到大自然中，几年后便会风化消失。在大蒙古国时期和元朝，由于东西方经济和文化的交流，蒙古族饮食器皿与加工保存用具出现了铁制器具和铜制器皿。金属材料制作的饮食器皿得到了经常迁徙游牧的蒙古族人的青睐，这些镶刻有云纹、八宝纹、回纹等纹饰的器皿，反映了蒙古族热爱生活的精神面貌和独特的审美观。

饮食器皿

长期的草原游牧生活，使蒙古族牧民的饮食器皿具有自己独有的特征。他们使用的木制、铜制、铁制、银制或皮制为主的饮食器皿，经久耐用，适合游牧。受农耕文化的影响，很多定居的蒙古族牧民普遍开始使用瓷器制作的饮食器皿。

蒙古刀

一套完整的蒙古族传统刀具有刀、刀鞘，还配有一双骨质筷子。刀柄用硬木或牛羊角、驼骨、铁制成，刀鞘以红乌木或紫乌木为原料，用银或铜镶包加箍和装饰。贵族使用的刀鞘和刀柄还会镶嵌珊瑚等宝石。

火镰

古代，蒙古族男人在野外露宿、打猎、烧火时离不开火镰。银质装饰图案的火镰具有鲜明的民族特色。

银碗

银碗的装饰主要体现在碗托上。图为镶刻龙纹和八宝纹的银碗,这种精致的银碗常成为传家宝。

瓷碗

绘有民族图案的瓷碗。

第三章 蒙古族传统饮食器具

铜碗

铜碗具有便于携带、不易腐蚀、结实耐用的特点，适合游牧的牧民使用。

木碗

刻有羊头纹手柄的木制容器。从羊头手柄与莲花瓣碗托巧妙结合的独特造型中，可以看出藏传佛教文化对蒙古族游牧文化的深刻影响。

铜勺

蒙古族游牧生活的特征决定人们尽量选择耐用结实的材质。图为不同规格的铜勺。

动物首木勺

牧人使用的木勺一般在顶部刻有马头或其他花纹。

第三章 蒙古族传统饮食器具

铜酒壶

铜制酒壶，此类材质的酒壶可以烫酒。

银酒杯

在过去，贵族家庭经常使用银质餐具。

双提梁铜壶

蒙古族家庭使用的铜壶可以装酒、装茶。壶为双提梁，壶盖、壶身、壶嘴处镶嵌有银质或铜质的蒙古族传统纹饰。

单提梁铜壶

游牧生活中结实耐用的铜制饮食器具受到牧民的喜爱。壶盖为动物造型，壶身刻有蒙古族传统图案。

茶壶和炉子

铜质。早期蒙古族使用的铜制器皿大多是金属片打造而成，很少见铸造的。铜炉装入热炭可以持续保温。

錾刻八宝纹奶桶

受佛教文化的影响，八宝纹也成为蒙古族喜欢使用的民族图案。图为桶身镶刻八宝纹饰的奶桶。

錾花铜奶桶

蒙古族传统盛放乳汁器皿，铜质。圆形，双耳带拎环，桶身镶三道雕花铜箍，錾刻吉祥纹饰。工艺流畅而精细入微，为蒙古王公贵族用具。

第三章 蒙古族传统饮食器具

铜盘

节假日或盛大宴会上，可盛装手把肉、奶食品的铜制盘。

铜火锅

过年过节时用铜质火锅制作传统的涮肉。火锅用木炭等烧火加热，锅内可涮各种肉类、丸子、蘑菇、蔬菜等。

皮质壶

皮质壶一般用马皮或牛皮制作，可盛水或酒等饮品。呈元宝形，壶嘴部分有木塞，木塞两边有孔，可穿入皮绳挂在身上或挂在马上携带。壶身刻有精美花纹。

碗袋

由于游牧生活的特殊性,牧民不宜储存大量的生活用具,习惯随身携带自己的碗。他们将碗装在碗套里挂在腰边,即使走亲戚时也用自己的碗,既卫生又方便。

储物袋

马匹是蒙古族生产和生活中重要的骑驭工具,因此储物袋制成了适宜挂在马背上的形状,这样的皮制袋结实耐用,适合游牧生活。

加工与保存器具

牧民通常用木质或皮质容器来发酵和保存奶制品。这些木质和皮质容器的原材料易取易制，对食品无污染，可避免塑料产品的化学反应，也保证了食品安全，有经验的牧民都喜欢用这种容器保存食物。

发酵桶

牧民用木桶发酵酸牛奶。

木制的酸奶发酵桶是牧民家必备的奶食品加工器具，材料易取，不易破碎，移动方便，适合经常转场的游牧生活。

完整的发酵桶包括木桶、专用搅拌木杵和可穿过木杵的木盖子。木桶一般能盛装五六十斤酸奶。

为彻底分离奶油,要手持木杵不停地上下搅动,从而加速发酵。

木桶有大小之分，体积大的木桶可用于储存牛奶，体积小的木桶一般保存奶油或白油等。

发酵桶是蒙古族特有的食品加工器皿，现在各地博物馆把这种木桶作为民族用品的经典来展览。

蒸馏桶

制作奶酒时，木质的蒸馏桶是重要的传导工具。

蒸馏桶、底锅、顶锅配套成完整的家庭制作奶酒的加工器具。

陶罐

奶酒最终会滴入陶罐中。陶罐是制作奶酒的必备器具。

挤奶桶

在生活中,蒙古族牧民常使用木制的挤奶桶。

挑水桶

牧民用木头制作的挑水桶。

不同材质的桶

由于木质材料容易获取，因此牧区普遍使用木制桶，木桶外用铜条加箍。此外，铜质桶也较常见。这些不同材质的桶，常用于盛水、盛奶。

奶豆腐模子

奶豆腐模子形状各异。四方形木制模子最为常见,制作简单,使用方便;带手柄的模具刻有各种花纹,用于制作花式奶豆腐。

新出锅的奶豆腐需用模子凝固出造型。

根据牛奶产量，每个家庭要准备多个模子。

羊肚

羊肚是一种具备生态特色的储存容器。牧人常用羊肚保存食物,大牲畜的胃可储存50斤的食物。

牧人将白油、黄油或羊肉等贮存在羊肚里。

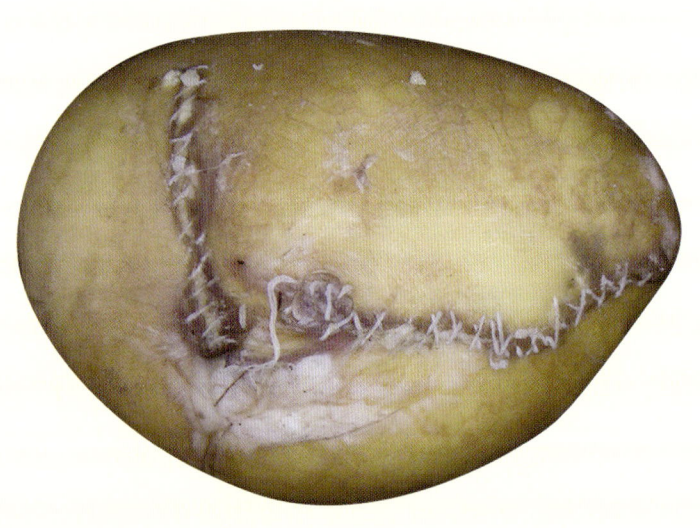

大皮囊

用完整的牛皮打制而成。在牧区用这种大皮囊作为发酵马奶的容器，一个大皮囊可盛装60~100升奶子。

木捣臼

加工粮食使用的木制捣臼，移动方便，适合蒙古人的游牧生活。

石捣臼

在一些地区仍保留着用石捣白加工粮食的习惯。

方形铜烤炉

烤炉呈长方形桌式，直壁、平底、四足。中间凹槽为火膛，上置三排带柄的盘肠纹烧烤架。烤炉既可取暖又可烤制食品，为游牧生活必备生活器具。

木斗

用木板制成，口略大，底略小，呈方形。用于装粮食。

柳条筐

丘陵沙地盛产柳条等，用柳条编制的筐可储存各类食品。

碗柜

蒙古包内的空间有限，碗柜等家具不多，一般使用木制、便携式的小型碗柜。

第四章 蒙古族传统饮食礼仪

礼仪蕴含着人类与周围自然环境和社会环境接触时所采取的适应态度，具有象征意义。这个象征意义代表人类对大自然的态度，对社会关系的态度，甚至对神灵的态度。蒙古民族在日常生活中非常讲究礼仪，在干旱草原上生活的人们非常珍惜自然资源，懂得保护大自然，懂得对大自然、对环境、对神灵的感恩。蒙古人在日常生活中非常重视各种饮食礼仪，在任何地方、任何时候食用各类食物或饮品时，都要进行简单的敬神仪式，表达对赐予人们生存空间与食物来源的自然神灵的敬重。在盛大的宴会场合，人们用无名指弹洒酒杯里的酒，表达敬苍天、敬大地、敬祖先的意愿。看似简单的动作，蕴含深奥的哲理。人们在日常生活中不断重复这种传统礼仪，传承这种礼仪动作，表示对大自然的敬畏，感恩大自然赐予人们的食物来源，也是蒙古人特有的人与自然高度融合的生态文明形态。

岁时礼仪

蒙古族岁时礼仪内容丰富，围绕着这些礼仪展开的饮食风俗成为他们生活中的重要内容，如孩子周岁生日、老人过寿等。仪式上，主人会准备丰富多样的美食招待来宾，通过饮食盛宴表达对礼仪活动的喜悦与生命的认知。

剪发仪式

蒙古族儿童剪发仪式是人成长过程中重要的礼仪。为答谢来宾，主人会准备全羊宴招待前来祝贺的亲朋好友，由长辈先动刀切开全羊，象征剪发仪式开始。

主人先向天敬献新鲜的马奶或牛奶，表达对神灵的敬重，祈求保佑平安。

牛奶象征纯洁吉祥，蒙古族婚礼上长辈让新郎品尝鲜奶，表达美好祝愿。

蒙古族婚礼仪式中奶食品是不可缺少的。白色的奶食品代表纯洁与高尚，象征着一对新人幸福安康，婚姻美满。

主人请宾客品尝奶食品。奶食品在婚礼仪式中具有真诚、和谐、祝福的象征意义。

结婚典礼上送亲者给新郎家长敬酒,家长接过酒并品尝。

第四章 蒙古族传统饮食礼仪

蒙古族传统婚礼的餐桌上必备奶食品、整羊等，表达对来宾至高无上的尊重与盛情。

接待宾客

过年过节时，与来访宾客交换鼻烟壶，是蒙古族日常交往礼节中表达敬意与友好的传统礼仪。

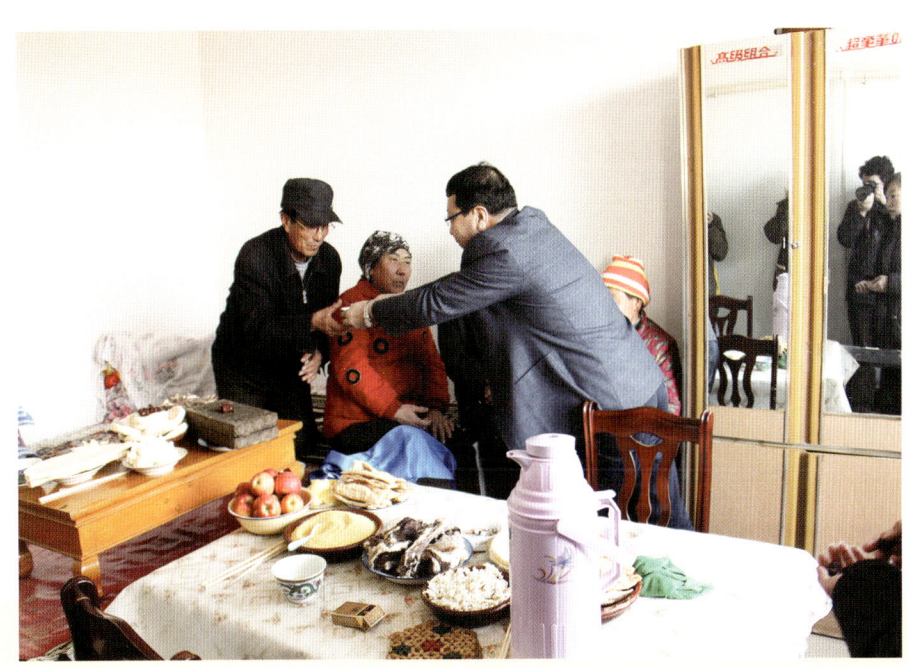

拜访牧民家庭的来宾给主人敬酒,表示尊敬和友好。

蒙古族的迎客礼仪——为来宾敬上马奶,表达欢迎与美好祝愿。

宴会图

第四章 蒙古族传统饮食礼仪

饮茶图

神圣礼仪

草原地区生存环境比较艰苦，人们通过一系列的神圣祭祀活动，建立人神合一的精神境界，实现人类和自然界的和谐共生。通过向神灵献祭食物和共享食物，祈求在干旱区域持续得到生存的技巧和本领。

敖包祭祀

蒙古族传统文化中敖包祭祀是重大的神圣祭祀活动。祭祀当天，大家相约来到敖包前，在祭台上放置全羊、羊背子、奶食品、白酒等祭品，表达对大自然神圣世界的敬仰之情。

敖包祭祀的祭品除了全羊或羊背子以外，还有酒、砖茶及奶食品、点心、糖果等。

第四章 蒙古族传统饮食礼仪

牧民主办的敖包祭祀中，整羊或羊背子是主要祭品。他们以此表达对大自然的崇敬和信仰。但由一些寺院的喇嘛主持和参加的敖包祭祀不用肉类祭品。

敖包祭祀由主办祭祀的牧户，邀请所住地区的人共同参加。

敖包祭祀接近尾声时，主办方的年长者将祭祀用的全羊分成整齐的若干块，作为敖包之神的恩惠请大家分享。

参加祭祀活动的人还分享奶食品、点心、酒、茶等各类祭祀用的食品，祈愿人畜兴旺，水草丰茂。

祭火

古代蒙古人敬畏和崇拜火。他们认为火具有祛除邪魔、涤荡污秽的神力，是纯洁的象征和神灵的化身。

第四章 蒙古族传统饮食礼仪

祭火图

用整羊祭祀火神是蒙古族最古老的传统习俗。将完整母羊的胸叉、肋骨、胫骨等煮熟后捞出冷却,由男主人摆放成卧羊状,羊头放在羊背上。祭祀仪式结束后参加祭祀的人按辈分落座,品尝祭祀用的羊肉和肉汤等祭品。吃完羊肉后骨头不随便丢弃,要投入炉灶烧掉。

祭火神时举行的取火仪式。

祭火仪式开始由男主人祈祷，带领大家念招福词，向火神行叩拜礼，祝福家人幸福。祈祷完毕后，由男主人把胸叉肉、煮肉汤和奶食品等祭品投入火中。祭火仪式结束后，人们围坐在一起吃羊胸叉肉和羊肉汤里煮的祭火米粥。

祭苏勒德

苏勒德为蒙古语，汉意为"旗标"。传说成吉思汗时期开始确立黑白两种颜色的苏勒德，战争时期为黑色苏勒德，和平时期为白色苏勒德。现在鄂尔多斯等地区蒙古族还保留着祭苏勒德习俗。

苏勒德祭祀现场摆放的牛羊肉。

苏勒德祭祀活动由专业的祭祀司仪主持。

苏勒德祭祀活动中敬献饮品。

牧民祭祀苏勒德时摆放的食品。

祭祀人员把食品敬献给祭祀之神。

祭祀民众分享苏勒德之神的恩惠，虔诚地叩拜苏勒德。

成吉思汗祭典

成吉思汗祭典是蒙古族祭奠成吉思汗的习俗，最早始于窝阔台汗时代，到忽必烈汗时代正式颁发圣旨，规定祭奠成吉思汗先祖的各种祭礼，使之日臻完善。成吉思汗祭祀一般分平日祭、月祭和季祭。其中，春祭规模最大、最隆重，各盟旗都派代表前往伊金霍洛成吉思汗陵奉祭，皆供整羊、圣酒和各种奶食品，并举行隆重的祭奠仪式。成吉思汗祭祀主要表达蒙古人对长生天、祖先、英雄人物的崇拜。

众多的拜谒者献上洁白的哈达、芬芳的香烛、肥壮的整羊、鲜美的牛羊奶、乳黄的酥油、芳醇的马奶等最圣洁的祭品。

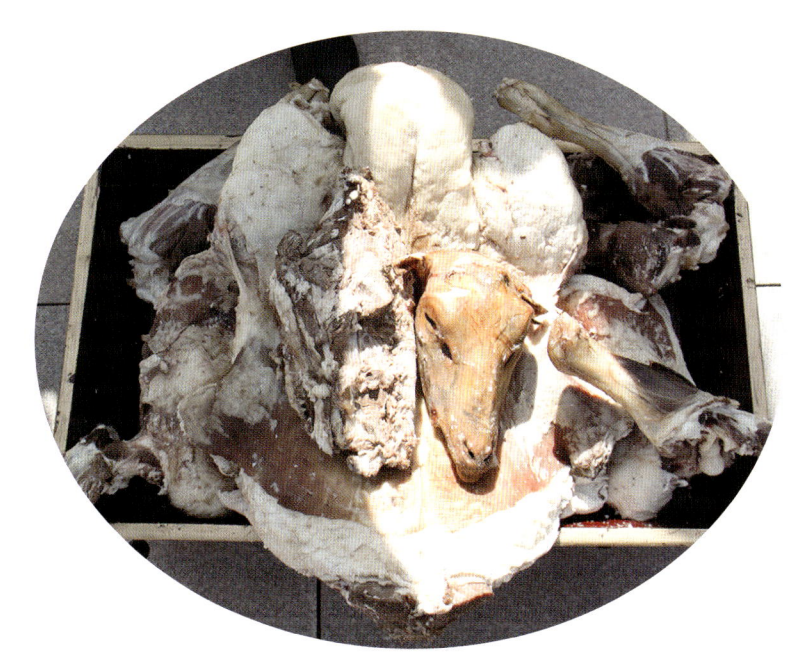

成吉思汗祭祀活动中敬献祭品场景。

祭奠仪式由被称为达尔扈特人的专职祭祀人员主持。

神树祭祀

祭树是蒙古族祭祀文化中的一种，是蒙古人自古流传下来的宗教习俗，表达了对绿色生态的虔诚和追求。

祭祀神树时人们集聚神树下，用彩布条把神树装饰一新，用全羊、奶酒等做祭品，由主祭人向神树敬酒、敬洒奶子。

参加祭祀的人共享祭品，祈求风调雨顺、绿满草原。

泉水祭祀

祭泉，在蒙古祭祀文化中是十分难得的珍稀现象。届时，牧民们带着羊背子、饼、鲜奶、美酒聚到一起，祈求一年幸福安康。

蒙古族传统祭祀活动中使用专用器具敬献鲜奶。

第五章 蒙古族传统特色饮食

蒙古人的饮食看似简单，实则营养丰富。以肉和奶为主的蒙古族传统饮食有很多优质营养成分和合理的食谱结构。蒙古族经常食用的羊肉与其他肉类相比，蛋白质含量较高，脂肪含量较低，还含有丰富的维生素及微量元素，营养价值很高，对人体十分有益。蒙古族传统饮品马奶含有丰富的维生素和矿物质，其营养结构接近于人乳。除了肉和奶，蒙古人常吃的蘑菇、山野菜等都来自天然、绿色、无污染的大草原，因此蒙古族饮食不仅品种丰富、味道鲜美，而且绿色天然，加工储存方法独特，这也是受到人们更多关注和喜爱的原因。食物是人类生存的必要物资，由于环境等因素的限制，生活于不同环境的人类群体形成了各自特色的饮食习惯与饮食品种。蒙古民族世居草原，形成了以畜牧为主的生产方式。夏秋季以奶食为主，冬春季以肉食为主，粮食贯穿四季。炒米、奶酪、手把肉、风味荞面、蒙古馅饼等食品，再搭配精心烹制的醇香蒙古奶茶，这些蒙古族传统特色美食就是舌尖上的草原味道。

蒙古族最具特色的饮食品种莫过于丰富多样的奶食品和保持自然鲜嫩味道的肉制品。一个牧民家庭使用牛奶可制作出20多种不同风味的奶食品，用这些不同风味的奶食品与其他食品结合后又能制作出营养更加丰富的美食。蒙古族食品看似简单，但你会品尝到营养丰富的草原味道。

奶食品

蒙古族视奶食品为食物之精华,家人远行,长者要向长生天祭洒鲜奶,祝福平安;佳节庆典及各种岁时礼仪等活动时都要摆放大量的奶食品,以此来表达美好的祝愿。

奶块

奶块，蒙古语称其为"楚拉"，是牛奶熬煮过程中形成的。其特点为油性大、长时间存放不易发霉。

奶豆腐

这种细长条的奶豆腐容易晒干，便于保存。

根据不同的用途做出不同的造型，这种形状的奶豆腐常用于节日宴会上的装饰摆盘。

刻画多种花纹图案的奶豆腐常用于亲朋馈赠。

察哈尔、克什克腾等地区的牧民喜欢制作大型模子压制的奶豆腐，晒干后不易发干、发硬。

酸奶

酸奶,蒙古语称"塔日嘎",是蒙古族等北方民族的传统饮料。香气浓郁、天然、口感爽滑细腻是蒙古族酸奶的特点。酸奶是蒙古人最喜爱的饮品,具有开胃、消暑等功效。

酸奶豆腐

用鲜奶熬煮发酵并撇去奶油之后的酸奶制作而成，微酸。

鄂尔多斯地区制作的酸奶豆腐，颜色呈淡黄色，有着清新的奶香和淡淡的酸味。

用特制带细孔的筛子压制而成的酸奶豆腐。

奶皮

晒干后可保存较长时间。可以泡在奶茶里，也可拌炒米等食用。

酸奶油

乌珠穆沁地区的酸奶油——由长期积攒的奶油发酵而成，蒙古族称其为"白油"，味道较酸。

巴尔虎地区的酸奶油。在积攒的奶油里添加黄油渣子或奶酪渣子混合制作，这样的白奶油可以保存到冬季和春季食用。

黄油

食用方法多样，喝茶时加上炒米、少许黄油拌着吃；炸果子时加入面粉里增加香味；直接涂抹在面包或馒头上食用。

早餐

早餐时，奶茶里泡上炒米再添加上奶皮、黄油、果子、手把肉，成为既美味又营养的丰盛早餐。

图德

白面蒸熟后加入黄油渣、白糖、炒米等制作而成。

炒米

蒙古族日常必不可少的传统食品，香脆味美。

酸马奶

营养丰富,含有糖类、维生素以及人体所需微量元素。酸马奶是盛夏季节牧民喜欢的消暑饮品。

奶茶

蒙古族传统的日常饮品。简易做法是：将放入砖茶叶的茶水烧开后，加入适量牛奶和盐熬煮而成。

蒙古人喜欢把果子、炒米、奶皮等一同泡在奶茶里食用。

油炸果子

小麦面粉制作的油炸果子,是蒙古族特色面食。

荞面饼

内蒙古东部地区盛产荞麦,荞面食品成为蒙古人的家常主食。

荞面饺子

营养丰富，味美可口。

奶油面片

荞面面片加入奶油制作而成，是蒙古族独具特色的面食种类。

羊肉面条

蒙古族日常食用面食种类，在鲜羊肉汤里加入手擀面煮熟。

酸奶面

蒙古族特色的美味食物。羊肉面上加入酸奶，使羊肉鲜味和奶香融合形成一种独特的美味。

羊肉汤

切成肉丁状的鲜羊肉,加入粉条和少许调味料熬煮而成。

黄油卷子

黄油卷子搭配羊肉汤是牧区的特色美食。黄油味道醇厚,面软易消化。

羊肉蒸汤

制作方法比较简单，碗内放羊肉片加入少许葱花等，用面片盖住后隔水蒸熟。

羊肉沙葱包子

包子馅由肉和少量沙葱组成，面皮不发酵，一般用热水或温水和面做面皮。馅大、皮薄、味道鲜美。

油炸馅饼

油炸馅饼一般用牛羊肉为馅料,皮薄肉细,外焦里嫩。

奶油馅饼

克什克腾地区特有的奶油蔬菜馅饼,用奶油和蔬菜为馅料,不加肉类。

特色米饭

很多地方在腊月二十三祭火神时食用。在煮过羊胸叉的肉汤中放入大米、糜米,加入适量的奶酪、红枣、葡萄干等煮成干饭。

羊肉炒蘑菇

草原上采集的野生蘑菇是纯天然绿色食品,羊肉炒蘑菇是牧民餐桌上特有的美味。

手把肉

将新鲜带骨羊肉,入锅煮至血水消失,肉熟即可。这种做法保持了羊肉的原汁原味,吃手把肉时不用筷子。

手把肉肉香味美，鲜嫩营养。一般根据人数多少，摆放的羊肉部位也有所不同。

心、肝、肺等羊的内脏与其他部位煮熟后可与手把肉搭配食用。

血肠

羊血中加入面粉、葱花等灌制血肠，热汤煮熟即可食用。

烤血肠

煮熟的血肠再加热煎烤，外脆里嫩，香味十足。

涮火锅

蒙古族牧民的传统佳肴。新鲜羊肉切成薄片,在沸腾的锅内烫至颜色由鲜红变成灰白后食用。

石头烤肉

接待贵宾的高规格食品。将肢解好的羊肉连同盐等调料放入铁桶等密封容器里，再将烤热的数块鹅卵石放到桶里，桶外用明火喷烤防止里面温度降低。这种石头烤肉是用肉本身的肉汁焖蒸而成的，它既有烤肉的酥脆又有煮肉的多汁鲜嫩，味道独具特色。

烤全羊

蒙古族餐中之尊，是具有独特草原风情的筵宴，多在隆重宴会或祭奠时用。烤全羊要选择膘肥体壮的1~2周岁的绵羊做原料，去毛带皮，腹内加葱、姜、椒、盐等佐料待整体烤制。传统做法：用火坑炉熏烤，出炉、入炉反复多次，烤熟后呈金黄色，炭味渗进肉内，外焦里嫩，别具风味。

蒙古族日常餐桌

蒙古族的传统饮食大致有四类，即面食、肉食、奶食、茶食。肉食为红食，蒙古语叫"乌兰伊德"；奶食为白食，蒙古语叫"查干伊德"。由于地域、习惯的不同，蒙古族在饮食种类、做法及名称上有些不同，但很多方面大同小异。我们可以通过日常餐桌来了解蒙古族饮食的种类与特征。

祭祀敖包时，牧民在帐篷里摆设的茶桌。

阿巴嘎旗牧民家的早餐桌，由奶茶、白油、奶豆腐、炸果子等食品组成。牧民一大早起来经营牧业，除了奶茶，一般不单独做其他早餐食品。

鄂尔多斯牧民家为客人准备的茶桌，主要有炒米、油炸果子、奶豆腐、奶皮、奶茶、羊肉等特色食品，也是牧民自家的日常茶桌。

锡林郭勒盟正蓝旗牧民家款待客人的茶桌，主要有炒米、奶豆腐、奶块及察哈尔地区特有的奶食品"图德"等。

克什克腾牧民家日常午餐桌，主要有奶茶、羊肉、血肠、炒菜等。

鄂尔多斯牧民经营的旅游景区的餐桌，主要有奶茶、炒米、羊肉、奶食品、油炸馅饼等。

阿巴嘎旗牧民经营的旅游景区的餐桌，主要有奶茶、手把肉、血肠、羊肉包子、奶豆腐、炸果子等。

克什克腾旗牧民家的日常餐桌。

牧民家的茶桌，主要有奶茶、炒米、奶豆腐、奶皮、点心等。

特色宴席——整羊席

整羊席也叫全羊席，是蒙古族庆祝重大节日和嫁娶等喜庆之日招待贵宾的传统佳肴，既古老又具特色。牧民一般会在秋冬季节摆设整羊席，这个季节水草丰美，羊肉肥嫩，适合举办岁时礼仪、庆典宴席等。整羊席的羊要用绵羊，以两三岁的羯羊为上品。全羊席有严谨的礼仪程序和祝词，宴席过程中的很多礼节习俗被传承至今。从这些具有象征意义的饮食习惯中，可以感受到蒙古族饮食文化的独特魅力。

整羊要用羊的四肢、腰背部、尾巴、胸腔骨和头部，羊头要去掉下颌部燎净后单独煮。煮肉要冷水下锅，不能煮得太烂，煮到无血水溢出时取出，这样煮的羊肉不生不硬恰到好处。而羊脖、胸叉、蹄子、短肋骨、内脏是不用于整羊席的。

装盘时按照活羊跪卧的样子将四肢按前后、左右固定的姿势摆放在特制的盘子里，再将羊的腰背部放在上边，胸腔骨放在左边，最上边放上羊头。羊头一般在前额画十字或上面放上奶食品后将羊头朝向主宾，尾部向主人摆放。整羊席开始时由主人或专人吟唱传统的敬献全羊祝词。

祝词完毕后，负责切肉的司仪将刀柄朝着客人交给主宾，主宾在羊前额切一小块肉敬天、敬火神。

主宾请司仪割下羊尾尖儿的一块肉，和胫骨一起放在其他盘子里，上边再放上羊头，交给主人供奉在神位前。

主宾请司仪开始切割、整理全羊。司仪即开始按照传统方法和顺序对全羊进行切割。

首先将肩胛骨、四根长肋条分别卸开，再将四肢卸开后将完整的羊背取下。

将取下的羊背先放到另一处，再对其他部位进行解体切分。

用传统的方法将四肢、肋条等各部位切成方便食用的小块。

对羊背进行切割,切割羊背时要先把腰背部和腰围部分切割开。

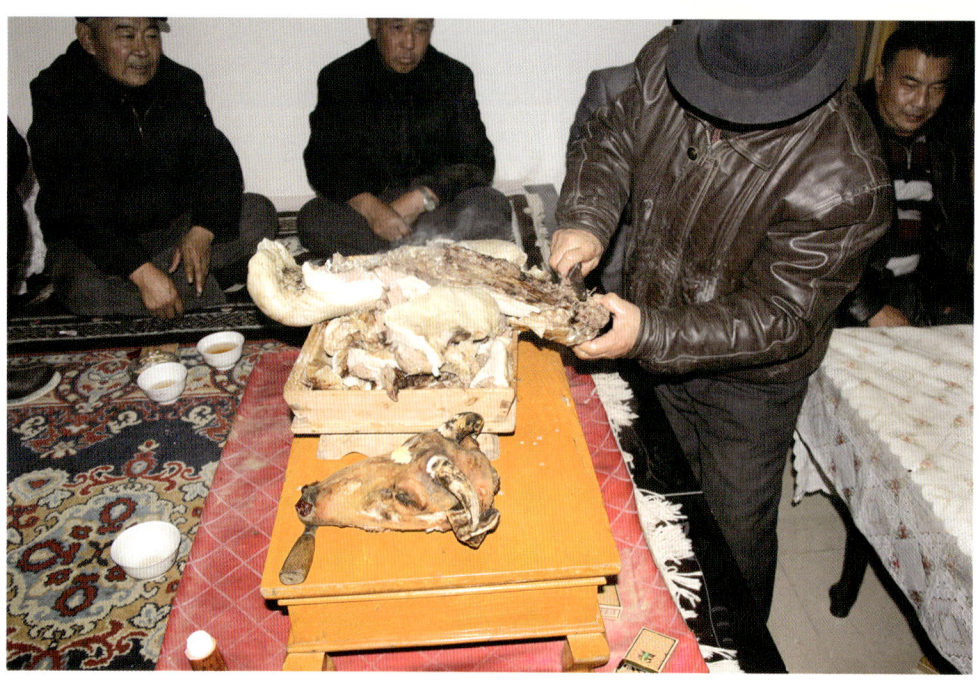

腰背部的切割从两个关节处分成两块。

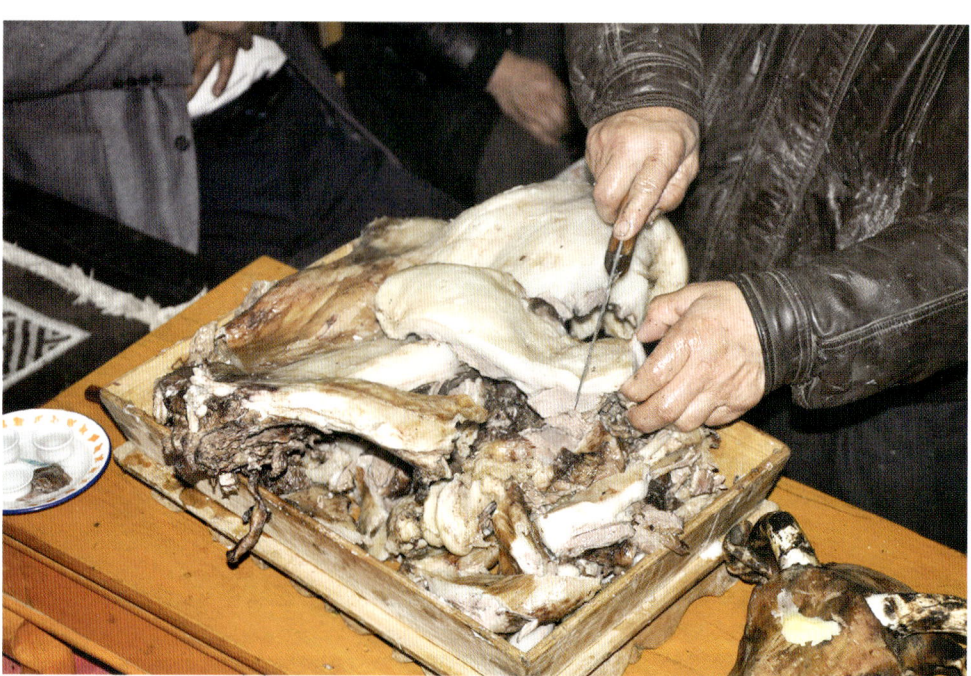

脊椎部的厚肉也分别切成两块。

司仪将全羊肉熟练地卸成数块后摆放在木盘里,再将羊头放上去,将刀柄递给客人,双手举起,掌心向上,说"诸位用膳"后,退出。

主宾将羊头取下去,把全羊肩骨部两侧各切下三条肉,左右交换放下,然后招呼大家一起用餐。

每位客人都分享过整羊肉后,由主宾将肩胛部位的骨头恭敬地放回大盘上以示可以结束整羊宴席。这时主人撤走大盘,为客人们端上肉汤里煮的肉米粥,表示全羊席的结束。

图片提供者
（按姓氏笔画排序）

《中国赤峰》	第49页	第99页（两幅）	第149页	第202页（两幅）
第25页（上）	第50页	第100页	第153页（两幅）	第203页
第221页	第51页	第101页	第154页	第204页（两幅）
《内蒙古》	第52页	第102页（两幅）	第155页	第205页（两幅）
第28页（下）	第53页	第103页（两幅）	第156页（两幅）	第206页
《内蒙古草原常见植物图鉴》	第54页（两幅）	第104页	第157页	第207页（两幅）
第23页	第55页	第105页（两幅）	第158页	第208页（两幅）
第24页（两幅）	第56页	第109页	第159页（两幅）	第209页
第25页（下）	第60页	第110页	第163页	第210页
吉木斯	第63页（两幅）	第111页（两幅）	第164页	第211页
第61页	第64页（两幅）	第112页（两幅）	第165页	第213页
西拉布	第65页（两幅）	第113页（两幅）	第166页	第214页（两幅）
第45页	第66页	第114页（两幅）	第167页（两幅）	第215页
第59页	第67页（两幅）	第115页（两幅）	第168页	第216页
第89页（上）	第68页（两幅）	第116页（三幅）	第170页	第217页
第169页	第69页（两幅）	第117页（两幅）	第171页（两幅）	第218页
阿拉坦宝力格	第70页（两幅）	第118页	第172页	第219页（两幅）
第13页	第71页（两幅）	第119页（两幅）	第173页	第222页
第14页（两幅）	第72页	第123页（两幅）	第174页（两幅）	第223页（三幅）
第15页	第73页（两幅）	第124页（三幅）	第175页（两幅）	第224页
第16页（两幅）	第74页（两幅）	第125页（两幅）	第176页	第225页（两幅）
第17页（两幅）	第75页（两幅）	第126页（两幅）	第177页	第226页（两幅）
第18页	第76页	第127页（两幅）	第178页（两幅）	第227页
第19页（两幅）	第77页	第128页	第179页	《走向辉煌的新通辽》
第20页	第78页	第129页（两幅）	第180页	第42页（上）
第21页	第79页	第130页（两幅）	第181页（两幅）	《草原游牧文明》
第22页	第80页	第131页（两幅）	第182页	第160页
第27页	第81页	第132页（两幅）	第183页	《昭乌达风情》
第28页	第82页	第133页（两幅）	第187页	第228页
第29页（两幅）	第83页（两幅）	第135页（两幅）	第188页（两幅）	《鄂尔多斯蒙古族民俗文化》
第30页（两幅）	第84页（两幅）	第136页（两幅）	第189页（两幅）	第58页
第31页（两幅）	第85页	第137页（两幅）	第190页	**葛根哈斯**
第32页（两幅）	第86页（两幅）	第138页（两幅）	第191页	第107页（两幅）
第33页（两幅）	第87页	第139页	第192页（两幅）	《蒙古人与蒙古地方》
第34页	第88页	第140页（两幅）	第193页（两幅）	第161页
第35页	第90页（两幅）	第141页（两幅）	第194页（两幅）	《蒙古饮食》
第36页	第91页（两幅）	第142页（两幅）	第195页（两幅）	第44页
第37页（两幅）	第93页	第143页（两幅）	第196页（两幅）	第108页（两幅）
第38页	第94页	第144页（两幅）	第197页	《蒙古族饮食文化》
第39页（两幅）	第95页（两幅）	第145页	第198页（两幅）	第57页
第41页（两幅）	第96页	第146页（上）	第199页（两幅）	第89页（下）
第42页（下）	第97页（两幅）	第147页	第200页	第146页（下）
第43页	第98页	第148页（两幅）	第201页（两幅）	

后记

2003年博士毕业的时候，作者决心做内陆干旱地区的社会文化研究，尤其感兴趣的是在这样艰难的干旱环境中人类是如何生存的问题。十几年奔波在内蒙古、甘肃、青海、新疆等内陆干旱地区，收集各类民族志资料。在牧区调查、采访时，一直身背相机，拍摄记录牧民日常生活中的点点滴滴，当然也包括他们的食品、加工食品的方法、器具等。当初拍摄这些图片只是作为个人研究资料而已，没有想到今天即将成为一本书。因此，很多图片放到书里才发现，当初的相机像素和本人的摄影技术问题。为了尽量真实地反映蒙古族饮食文化的原来面貌，图片没有做过多的修改，这样我们可以从中看到蒙古族饮食本真的文化含义，哪怕是其中的一张图能让读者感觉有参考意义，对作者来讲也是很庆幸的事情。本书基本选用了作者本人拍摄的原始图片，对于自己没有的资料也借用了部分专业摄影师的作品，这里深表感谢。另外，特别说明的是本书有几处使用了著名画家西拉布绘制的大型民俗画卷的部分图片。还要特别感谢苏日娜女士，从图片整理到文字解释都是我们两个人共同合作完成的。最后，还要感谢辽宁民族出版社朱虹编审的辛勤付出。

阿拉坦宝力格

2017年10月

ᠦᠢᠯᠡᠴᠢᠯᠡᠭᠡᠨ ᠦ ᠤᠲᠠᠰᠤ : 024 - 23284347   23284335

ᠦᠨ᠎ᠡ : 280.00 ᠲᠥᠭᠥᠷᠢᠭ
ᠪᠠᠷ ᠤᠨ ᠳ᠋ᠤᠭᠠᠷ : ISBN 978-7-5497-1741-5
ᠬᠡᠪᠯᠡᠭᠰᠡᠨ ᠣᠨ ᠰᠠᠷ᠎ᠠ : 2017 ᠣᠨ ᠤ 12 ᠰᠠᠷ᠎ᠠ ᠶᠢᠨ ᠠᠩᠬᠠᠳᠤᠭᠠᠷ ᠬᠡᠪᠯᠡᠯ
ᠳᠠᠷᠤᠮᠠᠯᠯᠠᠭᠰᠠᠨ ᠣᠨ ᠰᠠᠷ᠎ᠠ : 2017 ᠣᠨ ᠤ 12 ᠰᠠᠷ᠎ᠠ ᠶᠢᠨ ᠠᠩᠬᠠᠳᠤᠭᠠᠷ ᠳᠠᠷᠤᠮᠠᠯ
ᠦᠰᠦᠭ ᠦᠨ ᠲᠣᠭ᠎ᠠ : 260 ᠮᠢᠩᠭ᠎ᠠ
ᠬᠡᠪᠯᠡᠯ ᠦᠨ ᠬᠡᠪ ᠦᠨ ᠬᠡᠮᠵᠢᠶ᠎ᠡ : 14.5
ᠴᠠᠭᠠᠰᠤᠨ ᠤ ᠬᠡᠮᠵᠢᠶ᠎ᠡ : 210 mm × 285 mm
ᠬᠡᠪᠯᠡᠯ ᠦᠨ ᠬᠠᠷᠢᠭᠤᠴᠠᠯᠭᠠᠲᠠᠨ : ᠨᠠᠢᠮᠠᠨᠪᠠᠶᠠᠷ
ᠬᠢᠨᠠᠨ ᠲᠣᠬᠢᠷᠠᠭᠤᠯᠤᠭᠴᠢ : ᠪᠤᠤ ᠶᠦᠩ ᠯᠢ
ᠬᠠᠷᠢᠭᠤᠴᠠᠭᠰᠠᠨ ᠨᠠᠢᠷᠠᠭᠤᠯᠤᠭᠴᠢ : Amber Design
ᠤᠷᠠᠯᠢᠭ ᠤᠨ ᠬᠢᠨᠠᠭᠴᠢ : ᠪᠣᠷᠵᠢᠭᠢᠨ ᠰᠤᠷᠠᠭ